Orathay Souksisavanh
Fotos von Charlotte Lascève

CHIPS & FRITES

hausgemacht

INHALT

KÜCHENTIPPS & KNUSPERTRICKS
ÖL UND KÜCHENUTENSILIEN 4
DER RICHTIGE SCHNITT 6
DIE ZUTATEN 8

KARTOFFELCHIPS
KARTOFFELCHIPS – DAS ORIGINALREZEPT 10
LILA CHIPS 12
WAFFELCHIPS 14
VERSCHIEDEN GEWÜRZTE CHIPS 16
CHIPS MIT ESSIG 18
CHIPS MIT ZITRONE UND ROSMARIN 20
BARBECUECHIPS 22
CHIPS MIT KRÄUTERN 24

CHIPS AUS GEMÜSE UND OBST
RÜBENCHIPS 26
KAROTTENCHIPS 28
GEMÜSECHIPS 30
LOTUSWURZELCHIPS 32
KOCHBANANENCHIPS 34
APFELCHIPS 36

CHIPS AUS TEIG
CHIPS AUS FILOTEIG 38
CHIPS AUS WANTAN-NUDELTEIG 38
KRABBENCHIPS 38
TORTILLACHIPS 40
PITACHIPS 41
NACHOS MIT KÄSE 42
LASAGNECHIPS MIT PARMESAN 44
KNUSPERCHIPS 46

FRITES
TRADITIONELLE POMMES FRITES 48
POMMES FRITES MIT ENTENSCHMALZ 50
STROHKARTOFFELN 52
SÜSSKARTOFFEL- UND KNOLLENSELLERIE-FRITES 54
FRITTIERTE AUBERGINEN 56
WÜRZIGE KARTOFFELECKEN 58
BACKOFENKARTOFFELN MIT LIMETTE 60
FRITTIERTE SÜSSKARTOFFELN IM SESAMMANTEL 62

DIPS FÜR CHIPS UND FRITES 64

SÜSSE CHIPS
KROKANTCHIPS 66
SÜSSE WANTANS MIT ZIMT 66
MERVEILLES 68
CHURROS MIT SCHOKOLADENSAUCE 70

= ZUBEREITUNG IM BACKOFEN MÖGLICH

HINWEISE

Die Temperaturangaben dieses Buches sind in °C (Grad Celsius) angegeben. Bei der Zubereitung im Backofen ist hier die Temperatur eines Elektroherds mit normaler Umluft gemeint. Bei Ober- und Unterhitze kann sich die Garzeit verlängern, für den Gasherd sind die Angaben des Geräteherstellers zu beachten. Die in den Rezepten angegebenen Zubereitungszeiten sind Circaangaben. Bis Sie die Technik geübt haben, kann die Zubereitung auch etwas länger dauern.

ÖL UND KÜCHENUTENSILIEN

VON ULTRADÜNNEN CHIPS BIS ZU AUSSEN KNUSPRIG UND INNEN WEICHEN FRITES – DER FANTASIE SIND KEINE GRENZEN GESETZT.

ÖL
Zum Frittieren können folgende Öle verwendet werden: Sojaöl (bis 210 °C), Erdnussöl (bis 190 °C), Raps- oder mildes Olivenöl zum Braten (bis 190 °C), Sesamöl (bis 180 °C). Es gibt Bratöle aus „High Oleic"-Sorten, die auch zum Frittieren geeignet sind (problemlos bis 210 °C). Sie werden aus speziellen Distel- oder Sonnenblumenzüchtungen gewonnen. Kokos- oder Palmkernöle vertragen aufgrund ihrer Fettsäurenzusammensetzung zwar Temperaturen bis 220 °C, werden aber aus gesundheitlichen und ökologischen Gründen kontrovers diskutiert. Normales Sonnenblumen-, Distel- oder auch Kürbiskernöl ist aufgrund seiner geringen Erhitzbarkeit nicht geeignet, Mandel- oder Haselnussöl wegen des starken Eigengeschmacks ebenso wenig. Je höher der sog. Rauchpunkt eines Öls, desto besser ist es zum Frittieren geeignet.

FRITTEUSE ODER KOCHTOPF
Frittiert werden kann in einer Fritteuse oder einem hohen Kochtopf, direkt im Öl oder in einem Frittierkorb. Im Topf wird zur Temperaturmessung ein hitzebeständiges Thermometer benötigt.

MANDOLINE ODER GEMÜSEHOBEL
Je dünner die Scheiben, desto krosser die Chips. Dafür eignen sich am besten Profiwerkzeuge mit stufenlos verstellbaren Klingen, um die Dicke der Chips oder Frites frei wählen zu können. Mandolinen oder Hobel mit festen Klingen sind für den täglichen Gebrauch weniger geeignet, da sie nicht vielseitig genug sind. Auf lange Sicht sind Edelstahlgeräte am besten geeignet. Wichtig ist ein Handschutz oder Restehalter, damit nur das Gemüse oder Obst gehobelt wird…

DIE ALTERNATIVEN
Für das Schneiden der Chips eignen sich eine **Küchenmaschine** mit einem Einsatz für Gemüsescheiben oder ein **Sparschäler,** mit dem die Scheiben zwar selten ganz rund, dafür aber besonders dünn werden. Ein Pommes-frites-Schneider oder ein Einsatz für Gemüsestifte sind sehr praktisch, um Gemüse schnell und einfach in Stäbchen und Würfel zu schneiden. Allerdings schmecken gerade Pommes frites viel besser, wenn ihre Form etwas variiert, da sie dann unterschiedlich kross werden. Daher ist ein scharfes handliches Küchenmesser, z. B. ein **Officemesser,** immer noch am besten zur Herstellung hausgemachter Frites geeignet (siehe Abb. S. 7).

	Temperatur und Garzeiten		
	Zutat	in der Fritteuse	im Backofen
Chips	Kartoffeln	160 °C 5 Min.	180 °C 20 – 30 Min.
	Rüben/Randen	170 °C 5 Min.	100 °C 2 Std.
	Karotten und andere Wurzelgemüse	160 °C 5 Min.	100 °C 2 Std.
Frites	Süßkartoffeln	160 + 180 °C 5 + 5 Min.	210 °C 30 Min.
	Knollensellerie	160 °C 5 Min.	210 °C 30 Min.
	Kartoffeln	170 °C 10 – 15 Min.	180 °C 40 Min.

DER RICHTIGE SCHNITT

CHIPS
Ob mit oder ohne Schale – Chips sollten höchstens 1–2 mm dick sein, da sie sonst nicht durch und durch knusprig werden. Je nach Rezept können sie längs oder quer geschnitten werden.

WAFFELCHIPS
Zum Schneiden von geriffelten Chips benötigt man einen Mandolinen- oder Gemüsehobeleinsatz mit Wellenschliff. Nach jeder Scheibe die Kartoffel jeweils um 90° drehen, um das Waffelmuster zu erzielen (siehe Abbildung gegenüber). Die Chips sollten höchstens 1½ mm dick und durchbrochen sein, da sie sonst nicht knusprig werden.

STROHKARTOFFELN
Geschälte Kartoffeln hierfür mit einem Julienne-Messer oder einem Kammeinsatz für die Mandoline in höchstens 2 mm dünne Stifte schneiden.

STREICHHOLZKARTOFFELN
Der Klassiker aus Frankreich: Geschält oder auch ungeschält werden die Kartoffeln hierfür in 3–4 mm dicke und 7–8 cm lange Stifte geschnitten.

POMMES FRITES
Ob „Pommes" oder „Fritten" – hier werden die Kartoffeln mit oder ohne Schale in 1–2 cm dicke und 6–7 cm lange Stäbchen geschnitten.

DIE ZUTATEN

NACH DEM MOTTO „NICHTS IST UNMÖGLICH" KÖNNEN GEMÜSE ODER FESTES OBST GANZ NACH GESCHMACK VERWENDET WERDEN. PASTINAKEN, RÜBEN, KAROTTEN, ÄPFEL, BANANEN UND CO. MACHEN DER KARTOFFEL DURCHAUS KONKURRENZ BEI DER HERSTELLUNG KNUSPRIGER CHIPS.

KARTOFFELN
Für die Herstellung von Chips und Pommes frites werden meist mehligkochende Kartoffelsorten wie Bintje, Monalisa, Manon oder Agria verwendet, aber das ist reine Geschmacksache. Auch die festkochende Charlotte oder Linda sowie die aus Frankreich stammende BF 15 lassen sich gut frittieren. Neue Kartoffeln karamellisieren häufig sofort und sind daher weniger geeignet. Blaufleischige Kartoffeln wie Vitelotte oder Hermanns Blaue bringen nicht nur geschmacklich, sondern auch farblich Abwechslung auf den Tisch.

OBST
Auch aus verschiedenen Früchten lassen sich knusprige Chips herstellen. Ungeschälte Äpfel in hauchdünne Scheiben geschnitten schmecken köstlich und sehen obendrein hübsch aus.

SPEZIALITÄTEN
Vor allem alte Wurzelgemüsesorten wie Pastinaken, Topinambur sowie Knollensellerie, aber auch Radieschen, Hokkaidokürbis oder exotisches Gemüse wie Lotuswurzeln oder Süßkartoffeln eignen sich gut zum Frittieren. Sie müssen aber dünn geschnitten werden, damit das Wasser schnell verdampft. Stark wasserhaltiges Gemüse wie z. B. Zucchini muss vorher in etwas Mehl gewälzt werden. So bleibt es beim Frittieren außen knusprig und behält einen weichen Kern.

Auf der nebenstehenden Abbildung sind ein paar Anregungen für die große Bandbreite leckerer Chips und Frites zu finden:
Apfel (**9**), Aubergine (**1**), Hokkaidokürbis (**11**), Kartoffel (**10**), Vitelotte-Kartoffel (**16**), Knollensellerie (**6**), Kochbanane (**2**), Lotuswurzel (**12**), gelbe Mairübe (**7**), gelbe Möhre (**4**), violette Möhre (**5**), Pastinake (**13**), schwarzer Rettich (**14**), zweifarbige Chioggia/Rote Bete (**3**), Crapaudine Rote Bete/Rübe/Rande (**17**), Süßkartoffel (**18**), Topinambur (**15**)

FÜR 4 PORTIONEN   ERGIBT CA. 250 G CHIPS   ZUBEREITUNG 20 MIN.   FRITTIERZEIT 5 MIN.

KARTOFFELCHIPS DAS ORIGINALREZEPT

1 kg **Kartoffeln**
(Charlotte, Bintje oder Monalisa)

3 l **Frittieröl (Seite 4)**

Salz

ZUBEREITUNG
Kartoffeln waschen und abbürsten, entweder schälen oder ungeschält verwenden. Kartoffeln in 1 mm dünne Scheiben hobeln (Seite 6). Diese so lange kalt abspülen, bis das Wasser klar bleibt. Bis zum Frittieren in kaltem Wasser aufbewahren.

FRITTIEREN
Öl auf 160 °C erhitzen. Temperatur mit einer Kartoffelscheibe überprüfen: Sobald sich kleine Bläschen bilden, ist die Temperatur richtig.
Rohe Kartoffelscheiben abtropfen lassen und sorgfältig zwischen zwei Geschirrtüchern trocknen. Jeweils eine kleine Menge Kartoffelscheiben ins heiße Öl geben und umrühren, damit sie nicht aneinanderkleben. Chips frittieren, bis sie goldgelb und trocken sind.

WÜRZEN
Frittierte Chips auf Küchenpapier abtropfen lassen, danach sofort salzen.

AUFBEWAHREN
Frittierte Chips nach Möglichkeit sofort verzehren oder in einem fest verschließbaren Behältnis bis zu zwei Tage aufbewahren.

FÜR 4 PORTIONEN   ERGIBT CA. 250 G CHIPS   ZUBEREITUNG 20 MIN.   FRITTIERZEIT 5 MIN.

LILA CHIPS

1 kg **Vitelotte-Kartoffeln***

3 l **Frittieröl (Seite 4)**

Salz

ZUBEREITUNG
Vitelotte waschen und abbürsten, entweder schälen oder ungeschält verwenden. Kartoffeln in 1 mm dünne Scheiben hobeln (Seite 6). Diese so lange kalt abspülen, bis das Wasser klar bleibt. Bis zum Frittieren in kaltem Wasser aufbewahren.

FRITTIEREN
Öl auf 160 °C erhitzen. Temperatur mit einer Kartoffelscheibe überprüfen: Sobald sich kleine Bläschen bilden, ist die Temperatur richtig. Rohe Vitelotte-Scheiben abtropfen lassen und sorgfältig zwischen zwei Geschirrtüchern trocknen. Jeweils eine kleine Menge Kartoffelscheiben ins heiße Öl geben und umrühren, damit sie nicht aneinanderkleben. Chips frittieren, bis sie etwas Farbe bekommen und trocken sind.

WÜRZEN
Frittierte Chips auf Küchenpapier abtropfen lassen, danach sofort salzen.

*auch andere, blaufleischige Kartoffelsorten (z. B. Blauer Schwede) sind geeignet

FÜR 4 PORTIONEN   ERGIBT CA. 250 G CHIPS   ZUBEREITUNG 20 MIN.   FRITTIERZEIT CA. 5 MIN.

WAFFELCHIPS

1 kg **Kartoffeln**
(Charlotte, Bintje oder Monalisa)

3 l **Frittieröl (Seite 4)**

Salz

ZUBEREITUNG
Kartoffeln schälen und in kaltes Wasser legen. Wellenklinge von Mandoline oder Gemüsehobel so einstellen, dass die Scheiben ca. 1½ mm dick werden. Die erste Scheibe hobeln, dann die Kartoffel um 90° drehen und so das Waffelmuster erzielen. Nach jedem Schnitt die Kartoffel um weitere 90° drehen. Falls die Chips kein gleichmäßiges Lochmuster aufweisen, sind die Kartoffelscheiben zu dick. Fertige Waffelscheiben in kaltem Wasser aufbewahren.

FRITTIEREN
Waffelchips wie auf Seite 10 beschrieben frittieren, bis sie trocken und goldgelb sind.

WÜRZEN
Fertige Chips auf Küchenpapier abtropfen lassen, salzen und sofort servieren oder im 65 °C heißen Ofen aufbewahren und z. B. als Beilage zu Steaks reichen.

FÜR 4 PORTIONEN · ERGIBT CA. 250 G CHIPS
ZUBEREITUNG 20 MIN. · BACKZEIT CA. 30 MIN.

VERSCHIEDEN GEWÜRZTE CHIPS

1 kg **Kartoffeln (Charlotte, Bintje oder Monalisa)**

1 geh. TL **Senf- oder Wasabipulver**

1 geh. TL **Currypulver**

1 geh. TL **Piment d'Espelette**

12 EL **erhitzbares Sonnenblumen- oder Olivenöl**

1 EL **schwarze Senfkörner (nach Geschmack)**

Salz

ZUBEREITUNG

Kartoffeln waschen und abbürsten, entweder schälen oder ungeschält verwenden. Kartoffeln in 1 mm dünne Scheiben hobeln (Seite 6). Diese so lange kalt abspülen, bis das Wasser klar bleibt.
Bis zur weiteren Verwendung in kaltem Wasser aufbewahren.

WÜRZEN

Öl auf drei kleine Schälchen aufteilen, pro Schale jeweils ein Gewürz untermischen.
Kartoffelscheiben sorgfältig zwischen zwei Geschirrtüchern trocknen, dann von beiden Seiten jeweils mit einem der Öle bepinseln.
Fertige Kartoffelscheiben mit Abstand auf ein antihaftbeschichtetes oder auf ein mit Backpapier belegtes Backblech legen.
Die Scheiben dürfen sich nicht berühren.
Mit Senföl bepinselte Chips können nach Geschmack noch mit Senfkörnern bestreut werden.

BACKEN IM OFEN

Backofen auf 180 °C vorheizen.
Chips im vorgeheizten Ofen ca. 20–30 Min. backen, bis sie goldgelb und knusprig sind.
Noch warm mit etwas Salz bestreuen und servieren.

FÜR 4 PORTIONEN · ERGIBT CA. 250 G CHIPS · ZUBEREITUNG 20 MIN. · FRITTIERZEIT CA. 5 MIN.

CHIPS MIT ESSIG

1 kg **Kartoffeln**
(Bintje, Charlotte oder Monalisa)

600 ml **Apfelessig**

3 l **Frittieröl (Seite 4)**

Salz

ZUBEREITUNG
Kartoffeln waschen und abbürsten, entweder schälen oder ungeschält verwenden. Kartoffeln etwas dicker als normal in 1 ½ mm dünne Scheiben hobeln (Seite 6). Diese so lange kalt abspülen, bis das Wasser klar bleibt. Kartoffelscheiben abtropfen lassen und mindestens 4 Std. in Essig marinieren. Die Scheiben sollten dazu vollständig mit Essig bedeckt sein.

FRITTIEREN
Öl auf 160 °C erhitzen. Temperatur mit einer Kartoffelscheibe überprüfen: Sobald sich kleine Bläschen bilden, ist die Temperatur richtig.
Rohe Kartoffelscheiben abtropfen lassen und sorgfältig zwischen zwei Geschirrtüchern trocknen. Jeweils eine kleine Menge Kartoffelscheiben ins heiße Öl geben und umrühren, damit sie nicht aneinanderkleben. Chips frittieren, bis sie etwas Farbe bekommen und trocken sind.

WÜRZEN
Frittierte Chips auf Küchenpapier abtropfen lassen. Danach sofort salzen.

FÜR 4 PORTIONEN · ERGIBT CA. 250 G CHIPS · ZUBEREITUNG 20 MIN. · FRITTIERZEIT CA. 5 MIN.

CHIPS MIT ZITRONE UND ROSMARIN

1 kg **Kartoffeln**
(Charlotte, Bintje oder Monalisa)

3 l **Frittieröl (Seite 4)**

2 EL **grobes Salz**

1 **Zitrone, Schalenabrieb**

1 **Rosmarinzweig**

ZUBEREITUNG
Die Kartoffeln waschen und abbürsten, entweder schälen oder ungeschält weiterverwenden. Die Kartoffeln mit einer Mandoline in 1 mm dünne Scheiben schneiden und diese Scheiben zunächst in kaltes Wasser tauchen und dann so lange kalt abspülen, bis das Wasser klar bleibt. Bis zur weiteren Verwendung in kaltem Wasser aufbewahren.

WÜRZSALZ
Salz, Zitronenschale und Rosmarin im Mörser zu einer gleichmäßigen Gewürzmischung zerstoßen.
Wenn Salz übrig bleibt, einfach in einem fest verschließbaren Töpfchen aufbewahren. Ein Huhn oder Braten aus dem Backofen lässt sich gut damit einreiben, auch Ofenkartoffeln lassen sich damit bestreuen.

FRITTIEREN
Öl auf 160 °C erhitzen. Temperatur mit einer Kartoffelscheibe überprüfen: Sobald sich kleine Bläschen bilden, ist die Temperatur richtig.
Rohe Kartoffelscheiben abtropfen lassen und sorgfältig zwischen zwei Geschirrtüchern trocknen. Jeweils eine kleine Menge Kartoffelscheiben ins heiße Öl geben und umrühren, damit sie nicht aneinanderkleben. Chips frittieren, bis sie etwas Farbe bekommen und trocken sind.

WÜRZEN
Fertige Chips jeweils auf Küchenpapier abtropfen lassen und mit dem aromatisierten Salz bestreuen.

BARBECUECHIPS

1 kg **Kartoffeln**
(Charlotte, Bintje oder Monalisa)

3 l **Frittieröl (Seite 4)**

2 EL **mildes Paprikapulver, z. B. geräuchert (Pimenton de la Vera)**

1 TL **Chilipulver**

1 EL **Knoblauchpulver**

1 ½ EL **Zucker**

1 EL **Salz**

ZUBEREITUNG
Kartoffeln waschen und abbürsten, entweder schälen oder ungeschält verwenden. Kartoffeln in 1 mm dünne Scheiben hobeln (Seite 6). Diese so lange kalt abspülen, bis das Wasser klar bleibt, und bis zum Frittieren in kaltem Wasser aufbewahren.

GEWÜRZSALZ
Gewürze, Zucker und Salz miteinander vermischen und beiseitestellen.

FRITTIEREN
Öl auf 160 °C erhitzen. Temperatur mit einer Kartoffelscheibe überprüfen: Sobald sich kleine Bläschen bilden, ist die Temperatur richtig.
Rohe Kartoffelscheiben abtropfen lassen und sorgfältig zwischen zwei Geschirrtüchern trocknen. Jeweils eine kleine Menge Kartoffelscheiben ins heiße Öl geben und umrühren, damit sie nicht aneinanderkleben. Chips frittieren, bis sie etwas Farbe bekommen und trocken sind. Anschließend auf Küchenpapier abtropfen lassen und vor dem Würzen ½ Min. abkühlen lassen.

WÜRZEN
Etwas von der Gewürzmischung in einen Gefrierbeutel füllen. Chips hineingeben, Beutel verschließen und vorsichtig schütteln, bis die Chips gleichmäßig mit Gewürzsalz überzogen sind.

FÜR 4 PORTIONEN — **ERGIBT CA. 250 G CHIPS** — **ZUBEREITUNG 30 MIN.** — **BACKZEIT CA. 15 MIN.**

CHIPS MIT KRÄUTERN

125 g **Butter**
einige Zweige Fenchel
und Kerbel

6 **Kartoffeln (Charlotte)**
Salz, geklärte Butter

Butter in einem kleinen Stieltopf zerlassen, 5 Min. ruhen lassen und dann den weißen Schaum abschöpfen.
Butter vorsichtig in eine kleine Schale umfüllen, dabei die trüben Rückstände am Boden des Topfes zurücklassen.

ZUBEREITUNG

Backofen auf 200 °C vorheizen.
Kartoffeln schälen und Kräuter waschen.
Kartoffeln längs in möglichst hauchdünne Scheiben schneiden (Seite 6) und die Hälfte davon nebeneinander auf ein antihaftbeschichtetes oder mit einer Silikonbackmatte bedecktes Backblech legen. Mit etwas geklärter Butter bepinseln und salzen. Abwechselnd mit je einem kleinen Fenchel- oder Kerbelzweig belegen. Mit einer zweiten Scheibe in der gleichen Größe abdecken und mit der restlichen Butter bepinseln.

BACKEN IM OFEN

Kartoffelscheiben mit einer weiteren Backmatte abdecken und ca. 10–15 Min. im Ofen backen. Sobald die Kartoffelscheiben an den Rändern etwas Farbe bekommen, die Backmatte entfernen und die Backzeit noch um ein paar Minuten verlängern.
Die Chips sind fertig, wenn sie an den Rändern goldbraun und in der Mitte etwas durchscheinend sind.
Chips auf Küchenpapier etwas abtropfen lassen, sofort servieren.

TIPP

Wer keine Backmatten besitzt, kann stattdessen auch zwei Bogen Backpapier verwenden und ein zweites Backblech darauflegen.

FÜR 4 PORTIONEN   ERGIBT CA. 250 G CHIPS   ZUBEREITUNG 30 MIN.   FRITTIERZEIT CA. 5 MIN.

RÜBENCHIPS

1 kg **Rote Rüben oder Rote Bete/Rande**
(z. B. Chioggia oder Crapaudine)
3 l **Frittieröl (Seite 4)**
Salz

ZUBEREITUNG
Rote Bete gründlich waschen und abbürsten. Rüben ungeschält in 1 mm dünne Scheiben hobeln (Seite 6).
Rübenscheiben mit Küchenpapier trocknen.

FRITTIEREN
Öl auf 170 °C erhitzen. Temperatur mit einer Rübenscheibe überprüfen: Sobald sich kleine Bläschen bilden, ist die Temperatur richtig.
Jeweils eine kleine Menge Rübenscheiben ins heiße Öl geben und umrühren, damit sie nicht aneinanderkleben.
Chips frittieren, bis sie an die Oberfläche steigen, etwas Farbe bekommen haben und trocken sind.

WÜRZEN
Frittierte Chips auf Küchenpapier abtropfen lassen, danach sofort salzen.

AUFBEWAHREN
Rübenchips am besten sofort verzehren. Sie lassen sich aber auch vor dem Servieren noch einmal im 65 °C heißen Ofen 5 Min. knusprig aufbacken.

FÜR 4 PORTIONEN   ERGIBT CA. 250 G CHIPS   ZUBEREITUNG 20 MIN.   FRITTIERZEIT CA. 5 MIN.

KAROTTENCHIPS

1 kg **Bio-Karotten in verschiedenen Farben (orange, gelb, weiß, violett)**

3 l **Frittieröl (Seite 4)**

Salz

ZUBEREITUNG
Karotten gründlich waschen und abbürsten. Danach längs in 1 mm dünne Scheiben hobeln (Seite 6) und mit Küchenpapier trocknen.

FRITTIEREN
Öl auf 160 °C erhitzen. Temperatur mit einer Karottenscheibe überprüfen: Sobald sich kleine Bläschen bilden, ist die Temperatur richtig.
Jeweils eine kleine Menge Karottenscheiben ins heiße Öl geben und umrühren, damit sie nicht aneinanderkleben.
Chips frittieren, bis sie an den Rändern etwas Farbe bekommen haben und trocknen sind.

WÜRZEN
Frittierte Chips auf Küchenpapier abtropfen lassen, danach sofort salzen. Ebenso wie die Rübenchips (Seite 26) möglichst sofort verzehren.

28 · CHIPS AUS GEMÜSE UND OBST

FÜR 4 PORTIONEN   ERGIBT CA. 250 G CHIPS   ZUBEREITUNG 20 MIN.   FRITTIERZEIT CA. 5 MIN.

GEMÜSECHIPS

1 kg **gemischtes Wurzelgemüse (Pastinaken, Mairüben, schwarzer Rettich, Topinambur, Petersilienwurzeln, Kerbelwurzeln) oder Hokkaidokürbis, Süßkartoffeln etc.**

3 l **Frittieröl (Seite 4)**

Salz

ZUBEREITUNG
Gemüse gründlich waschen und je nach Sorte abbürsten oder schälen. Längliches Gemüse längs und rundes Gemüse quer in 1 mm dünne Scheiben hobeln (Seite 6). Gemüsescheiben auf einem Geschirrtuch trocknen.

FRITTIEREN
Öl auf 160 °C erhitzen. Die Temperatur mit einer Gemüsescheibe überprüfen: Sobald sich kleine Bläschen bilden, ist die Temperatur richtig. Da die einzelnen Gemüsesorten unterschiedlich lang frittiert werden müssen, die Gemüsechips nach Sorten getrennt ins heiße Öl geben. Chips umrühren, damit sie nicht aneinanderkleben, und so lange frittieren, bis sie etwas Farbe bekommen haben.

WÜRZEN
Chips auf Küchenpapier abtropfen lassen und salzen. Vor dem Servieren mischen.

TIPP
Wer es würziger mag, kann das Salz noch mit etwas Piment d'Espelette vermischen.

FÜR 4 PORTIONEN   ERGIBT CA. 250 G CHIPS   ZUBEREITUNG 20 MIN.   FRITTIERZEIT CA. 5 MIN.

LOTUSWURZELCHIPS

1 kg **Lotuswurzeln (in asiatischen Lebensmittelläden erhältlich)**

3 l **Frittieröl (Seite 4)**

2 EL **Szechuanpfeffer (optional), im Mörser zerstoßen**

Salz

ZUBEREITUNG
Einzelne Knollen der Lotuswurzeln trennen. Endstücke abschneiden und die Wurzelstücke sorgfältig waschen. Wurzelstücke geschält oder ungeschält in 1 mm dünne Scheiben hobeln (Seite 6).

FRITTIEREN
Öl auf 160 °C erhitzen. Temperatur mit einer Lotuswurzelscheibe überprüfen: Sobald sich kleine Bläschen bilden, ist die Temperatur richtig. Jeweils eine kleine Menge Lotuswurzelscheiben ins heiße Öl geben und umrühren, damit sie nicht aneinanderkleben.
Lotuswurzelchips so lange frittieren, bis sie goldbraun und knusprig sind.

WÜRZEN
Zwei Esslöffel Salz mit dem gemörserten Szechuanpfeffer mischen. Chips auf Küchenpapier abtropfen lassen und mit dem Gewürzsalz bestreuen.
Lotuswurzelchips als Knabberei zum Aperitif reichen oder als Beilage zu einem Gericht. Sie schmecken köstlich zu Lachstatar oder Salat.

KOCHBANANENCHIPS

2 dicke, noch grüne Kochbananen

3 l Frittieröl (Seite 4)

Salz

1 TL Cayennepfeffer, Kurkuma- oder Knoblauchpulver (je nach Geschmack)

ZUBEREITUNG
Bananen schälen, dafür eventuell die Schale mit einem Messer längs einritzen und in einzelnen Streifen abziehen.
Bananen mit einer Mandoline oder einem Gemüsehobel portionsweise direkt über der Fritteuse oder dem Topf in 1 mm dünne Scheiben hobeln. Dadurch wird ein Aneinanderkleben verhindert.

FRITTIEREN
Öl auf 160 °C erhitzen. Temperatur erst mit einem Chip prüfen: Sobald sich kleine Bläschen bilden, ist die Temperatur richtig. Einen Frittierkorb ins heiße Öl hängen und die hinein gehobelten Chips umrühren, damit sie nicht aneinanderkleben.
Chips goldgelb und knusprig frittieren, anschließend auf Küchenpapier abtropfen lassen.

WÜRZEN
Salz nach Geschmack mit Cayenne, Kurkuma- oder Knoblauchpulver vermischen und die Bananenchips damit bestreuen.

VARIANTE
Bananen halbieren und längs in dünne Streifen hobeln.

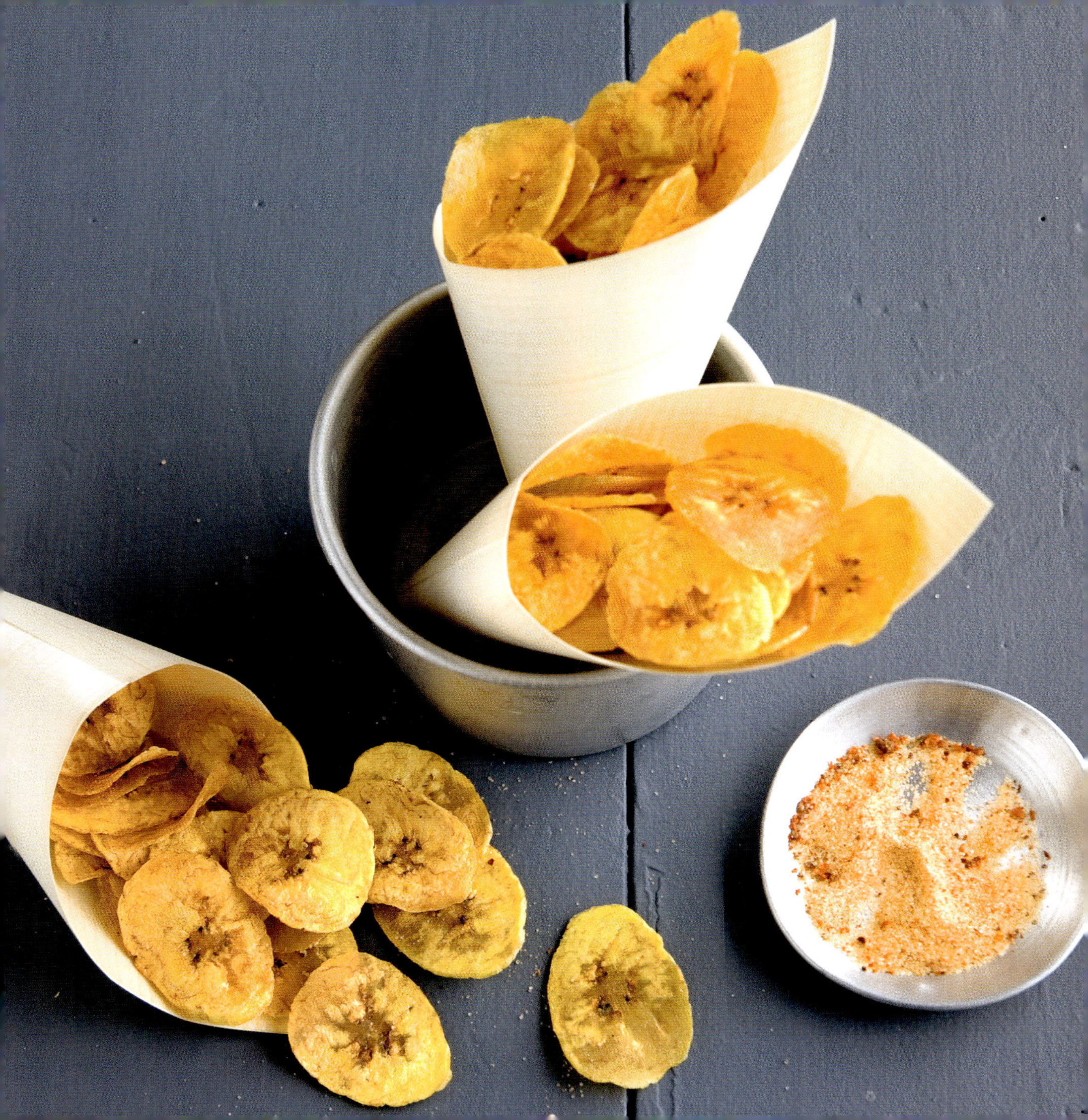

FÜR 4 PORTIONEN   VORBEREITUNG 4 STD.   ZUBEREITUNG 20 MIN.   BACKZEIT 2 STD.

APFELCHIPS

1 **Granny-Smith-Apfel**

2 **rote Äpfel (Elstar, Royal Gala oder ähnliche Sorte)**

500 ml **Wasser**

200 g **Zucker**

2 **Zitronen, Saft**

Zimtpulver (nach Geschmack)

ZUBEREITUNG
Wasser aufkochen und Zucker einrühren, bis er sich aufgelöst hat. Zuckerwasser abkühlen lassen und Zitronensaft unterrühren.
Äpfel gründlich waschen, nach Geschmack geschält oder ungeschält weiterverwenden. Äpfel senkrecht zum Kerngehäuse in 1–1 ½ mm dünne Scheiben hobeln (Seite 6), diese sofort in den Sirup einlegen. Apfelscheiben mindestens 4 Std. im Sirup ziehen lassen.

BACKEN IM OFEN
Den Backofen auf 90 °C vorheizen.
Apfelscheiben in einem Sieb abtropfen lassen, danach nebeneinander auf ein mit einer Silikonbackmatte belegtes Backblech legen.
Apfelchips 2 Std. im Ofen trocknen, nach der Hälfte der Zeit einmal wenden.

WÜRZEN
Chips aus dem Ofen holen und nach Geschmack mit Zimtpulver bestäuben.

TIPP
Wer keine Silikonbackmatte besitzt, kann auch ein antihaftbeschichtetes Backblech benutzen. Backpapier ist weniger geeignet, da die mit Sirup getränkten Chips leicht daran haften bleiben.

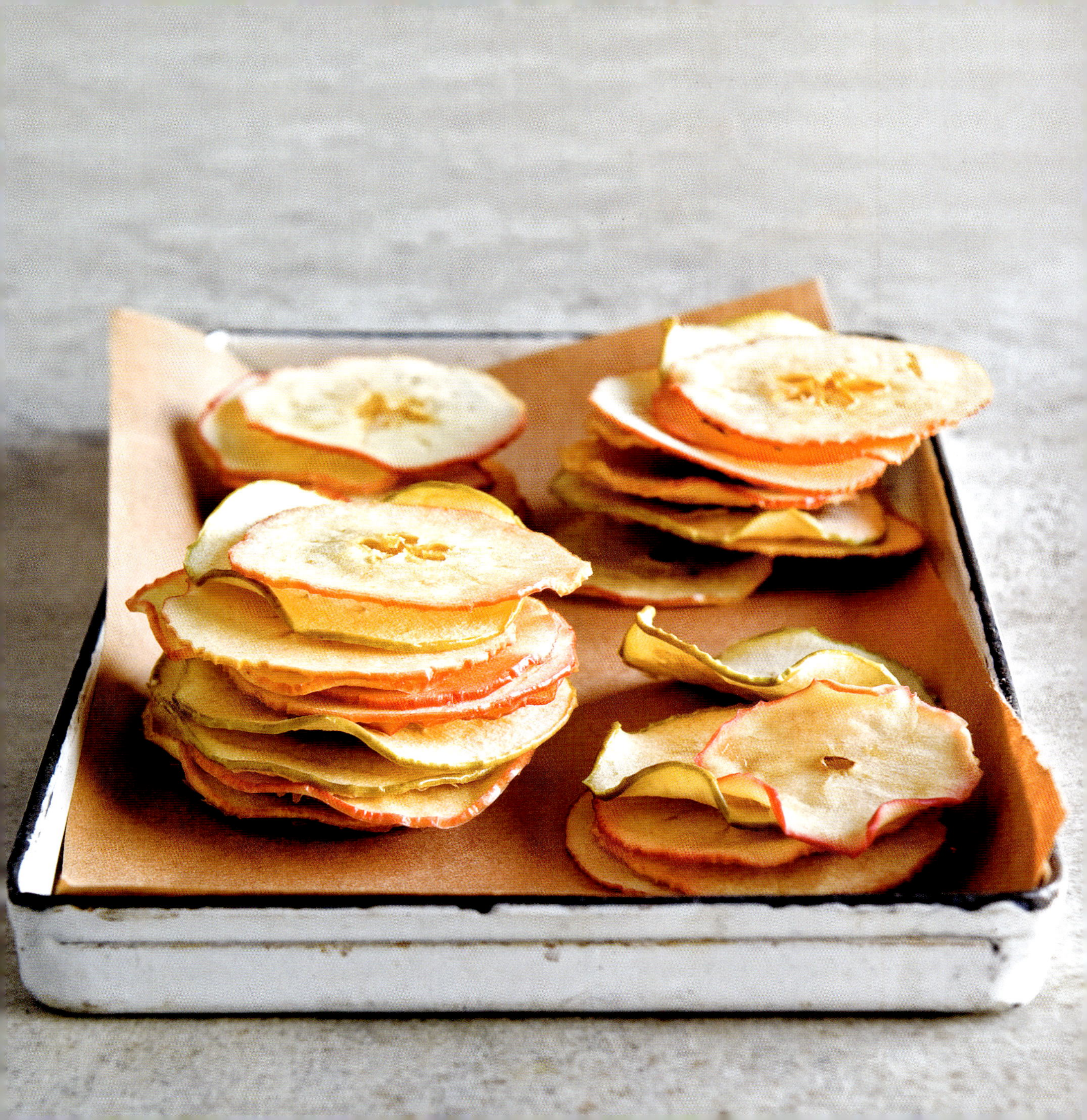

CHIPS AUS TEIG

NICHT NUR AUS GEMÜSE, AUCH AUS DÜNNEM TEIG LASSEN SICH KÖSTLICHE UND ÜBERRASCHEND „ANDERE" CHIPS HERSTELLEN.

CHIPS AUS FILOTEIG

FÜR 4 PORTIONEN   ZUBEREITUNG 5 MIN.
BACKZEIT 5 MIN.

4 **Filoteigblätter**, 2 EL **erhitzbares Olivenöl**,
1 EL **Gewürze** (z. B. Kreuzkümmel-, Curry-, Paprika- oder Wasabipulver, indisches Tandoori Masala oder nordafrikanisches Ras El-Hanout), **Salz**

Backofen auf 180 °C vorheizen.
Teig von beiden Seiten mit Öl bepinseln und die Teigblätter nebeneinander mit Abstand auf ein antihaftbeschichtetes oder mit Backpapier belegtes Backblech legen.
Mit Gewürzen und Salz bestreuen, dann ca. 5 Min. im Ofen backen, bis sie goldbraun und knusprig sind.
Bei Tisch bricht sich jeder nach Geschmack ein Stück ab.

VARIANTE
Jedes Teigblatt mit Gewürzmischung bestreuen oder das Olivenöl durch geklärte Butter (Seite 24) ersetzen.

CHIPS AUS WANTAN-NUDELTEIG

FÜR 4 PORTIONEN   ZUBEREITUNG 5 MIN.
BACKZEIT 10–12 MIN.

16 **Wantan-Teigblätter** (im Asialaden erhältlich),
2 EL **Sesam** (schwarzer und weißer Sesam gemischt),
3 EL **erhitzbares Sonnenblumen- oder Olivenöl**, **Salz**

Backofen auf 175 °C vorheizen.
Teigblätter 15–20 Sek. in kochendes Wasser tauchen. Danach abtropfen lassen und auf Küchenpapier trocknen. Beide Seiten der Teigblätter mit Öl bepinseln, mit Abstand nebeneinander auf ein antihaftbeschichtetes oder mit Backpapier belegtes Backblech legen. Mit Sesam und Salz bestreut ca. 10–12 Min. backen, nach der Hälfte der Backzeit einmal wenden.

KRABBENCHIPS

FÜR 4 PORTIONEN   FRITTIERZEIT 1 MIN.

½ Pck. **ungebackene Krabbenchips** (Krupuk/Kroepoek, in asiatischen Lebensmittelläden erhältlich),
1–2 l **Frittieröl** (Seite 4)

Öl auf 160 °C erhitzen und jeweils 2–5 ungebackene Krabbenchips gleichzeitig hineingeben (je nach Größe der Fritteuse oder des Topfes). Die Chips benötigen viel Platz, da sich ihr Volumen im heißen Fett um mehr als das Doppelte vergrößert.
Sobald sie aufgegangen sind, die Chips herausnehmen, dann auf Küchenpapier abtropfen lassen.

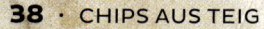

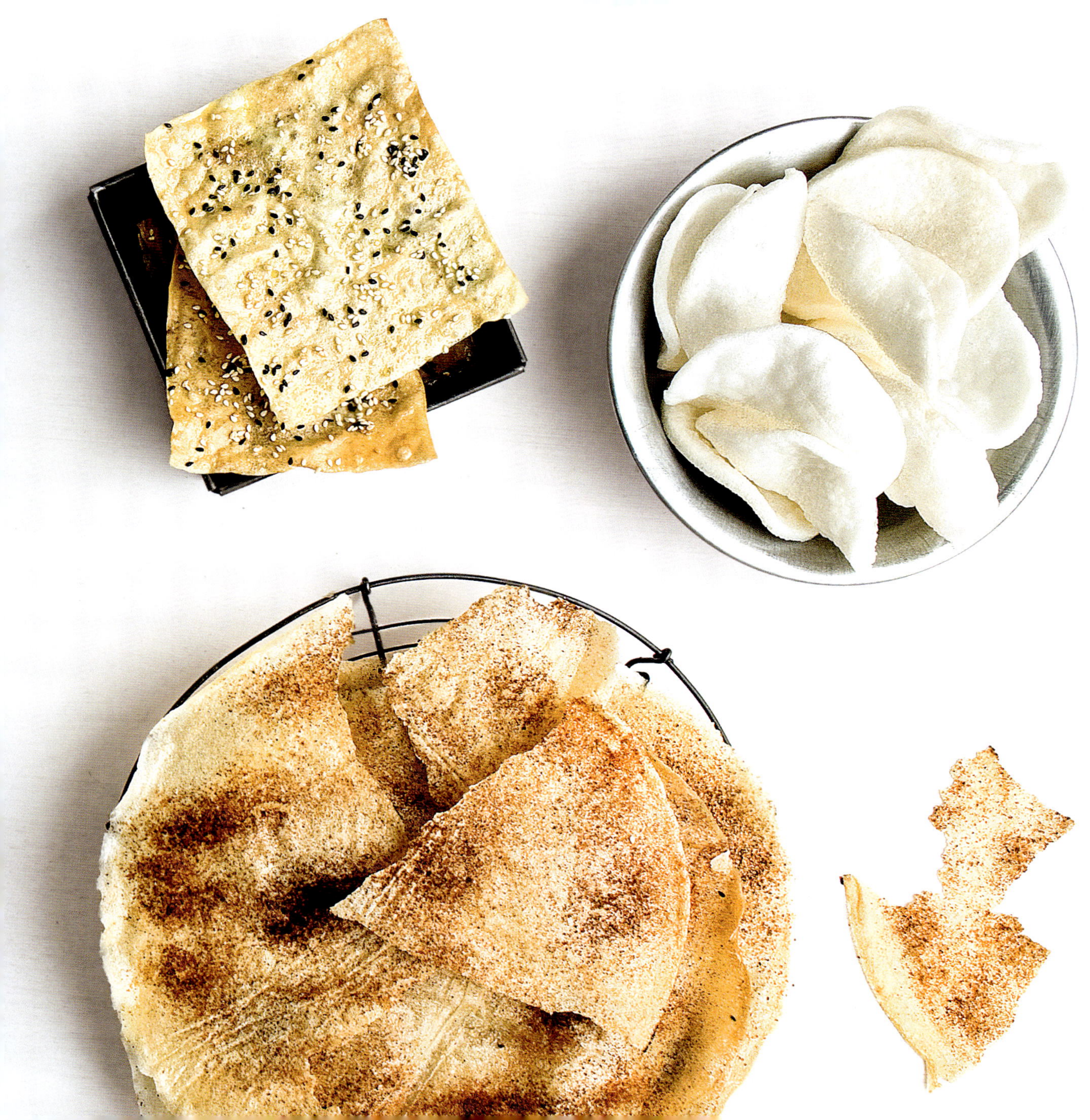

TORTILLACHIPS

FÜR 4 PORTIONEN · ZUBEREITUNG 5 MIN. · BACKZEIT 8 MIN.

5 Maistortillas, 4 EL **erhitzbares Olivenöl**, 2 TL **mexikanische Gewürzmischung (z. B. Taco-Gewürz)** oder eine Mischung aus **Knoblauch- und Kreuzkümmelpulver, Oregano und schwarzem Pfeffer, Salz**

Backofen auf 180 °C vorheizen.
Gewürzmischung unter das Öl rühren.
Tortillas vierteln oder achteln und von beiden Seiten mit dem Gewürzöl bepinseln.
Tortilladreiecke auf ein antihaftbeschichtetes oder mit Backpapier belegtes Backblech legen, mit Salz bestreuen und ca. 8 Min. im Ofen backen; nach der Hälfte der Backzeit wenden.
Dazu einen Dip (Seite 64) servieren.

PITACHIPS

FÜR 4 PORTIONEN   ZUBEREITUNG 10 MIN.   BACKZEIT 10 MIN.

3 **große Pitabrote,** 1 EL **Petersilie, klein gehackt,** 2 **Knoblauchzehen, durchgepresst,** 3 EL **erhitzbares Olivenöl, Salz**

Backofen auf 160 °C vorheizen.
In einer Schüssel Petersilie und Knoblauch mit dem Öl vermischen.
Pitabrote halbieren und in kleine Quadrate schneiden.
Brotstücke von beiden Seiten mit dem aromatisierten Öl bepinseln
Mit ausreichendem Abstand auf einem antihaftbeschichteten oder mit Backpapier belegten Backblech verteilen und mit Salz bestreut ca. 10 Min. im Ofen backen.

FÜR 4 PORTIONEN · ZUBEREITUNG 10 MIN. · BACKZEIT 10–15 MIN. (+ 8 MIN. FÜR DIE TORTILLACHIPS)

NACHOS MIT KÄSE

5 **Maistortillas**

2 TL **mexikanische Gewürzmischung (z. B. Taco-Gewürz) oder eine Mischung aus Knoblauch- und Kreuzkümmelpulver, Oregano und schwarzem Pfeffer**

4 EL **erhitzbares Olivenöl**

200 g **Cheddarkäse, gerieben**

2 **Tomaten**

2 **Frühlingszwiebeln, nur das Grüne**

¼ **Bund Koriander**

grüne Chilischote, z. B. Jalapeño (nach Geschmack)

2 EL **Sour Cream oder Crème fraîche**

Salz

ZUBEREITUNG DER CHIPS
Backofen auf 180 °C vorheizen.
Gewürzmischung in das Öl einrühren.
Tortillas vierteln oder achteln, von beiden Seiten mit dem Gewürzöl bepinseln.
Tortilladreiecke auf ein antihaftbeschichtetes oder mit Backpapier belegtes Backblech legen, mit Salz bestreuen und ca. 8 Min. im vorgeheizten Ofen backen. Dreiecke nach der Hälfte der Backzeit wenden, damit die Chips gleichmäßig gebacken werden.
Fertige Tortillachips beiseitestellen.

ZUBEREITUNG DER NACHOS
Tortillachips auf ein antihaftbeschichtetes Backblech legen und mit dem geriebenen Käse bestreuen.
Im heißen Backofen 10–15 Min. backen, bis der Käse geschmolzen ist.

WÜRZEN
Tomaten in kleine Würfel schneiden, Strunk dabei entfernen. Frühlingszwiebeln und Koriandergrün klein hacken.
Fertig gebackene Nachos mit Tomatenwürfeln, Zwiebeln, Koriander und nach Geschmack mit etwas fein gehackter grüner Chilischote bestreuen.
Zum Servieren Sour Cream oder Crème fraîche dazu reichen.

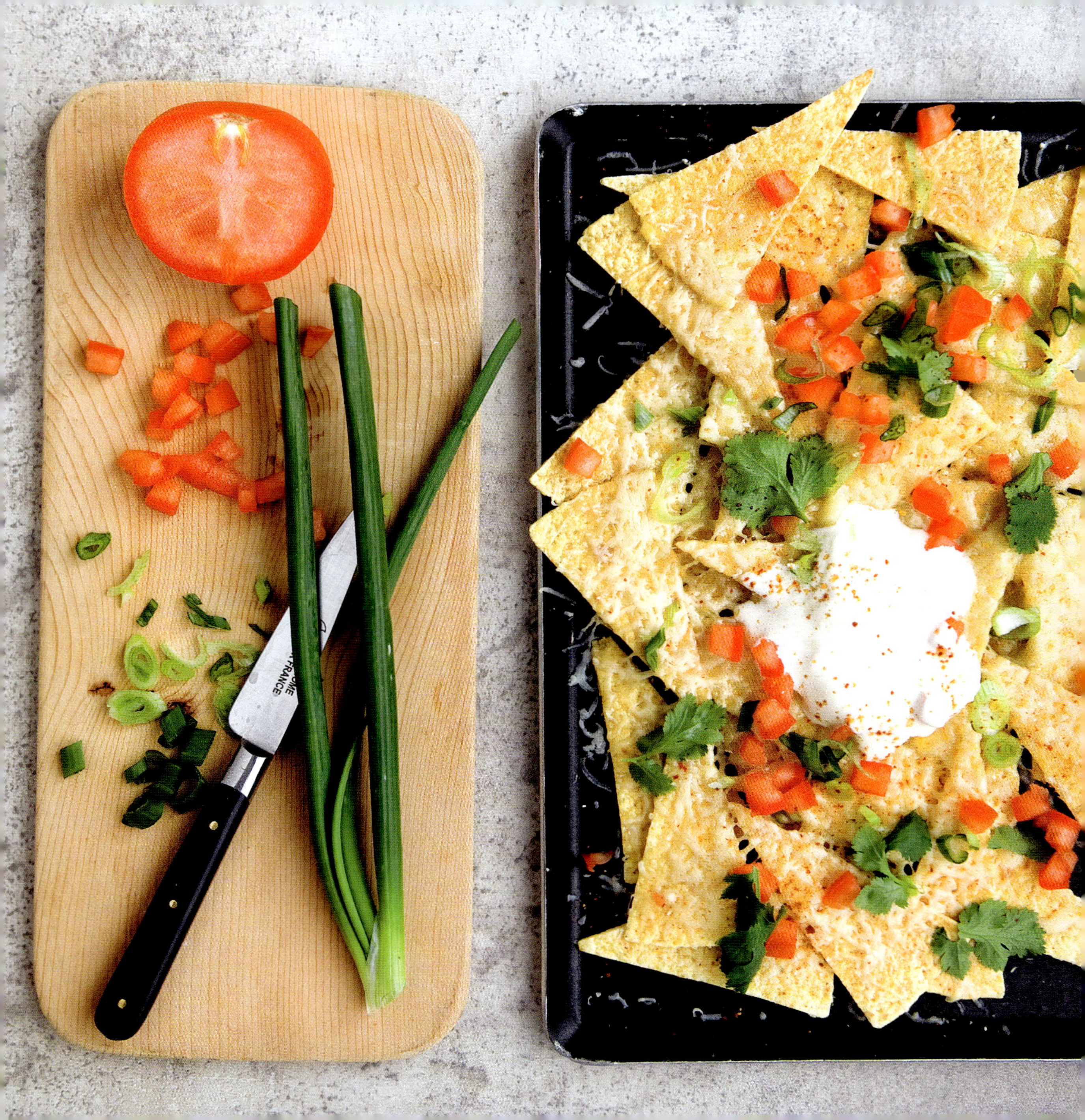

FÜR 4 PORTIONEN · ZUBEREITUNG 30 MIN. · BACKZEIT 20 MIN.

LASAGNECHIPS MIT PARMESAN

8 **Lasagnenudelplatten (frisch oder getrocknet)**

3 EL **erhitzbares Olivenöl**

1 TL **Knoblauchpulver**

120 g **Parmesankäse, gerieben**

schwarzer Pfeffer, frisch gemahlen

einige Salbeiblätter, fein gehackt

ZUBEREITUNG

Lasagnenudelplatten nach Packungsanweisung in kochendem Wasser bissfest garen. Anschließend kalt abschrecken, abtropfen lassen und trocken tupfen.
Nudelplatten in Streifen schneiden und von beiden Seiten mit Olivenöl bepinseln.

BACKEN IM OFEN

Backofen auf 200 °C vorheizen.
Lasagnestreifen mit Abstand auf ein antihaftbeschichtetes oder ein mit Backpapier belegtes Backblech legen. Mit etwas Knoblauchpulver und geriebenem Parmesan bestreuen. Etwas frisch gemahlenen Pfeffer und klein gehackten Salbei darübergeben.
Im vorgeheizten Ofen ca. 15–18 Min. backen, bis der Käse geschmolzen ist und die Nudelstreifen knusprig sind.

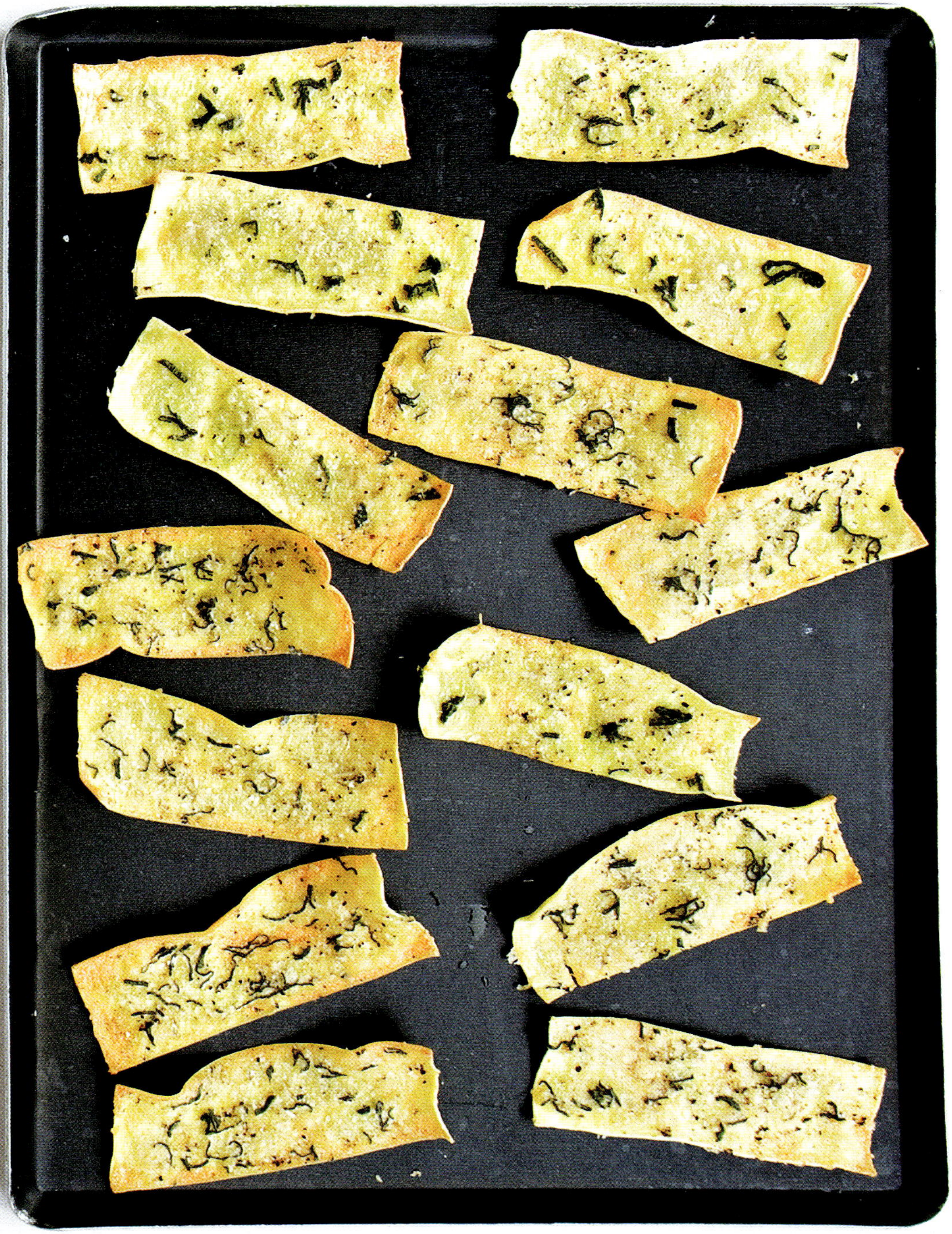

KNUSPERCHIPS

SPECK, SCHINKEN UND KÄSE SIND SCHNELL IN EINEN UNGEWÖHNLICHEN UND KÖSTLICHEN KNABBER-SPASS VERWANDELT! DIE KNUSPRIGEN CHIPS EIGNEN SICH AUCH GUT ALS BEILAGE ZU SUPPEN, SALATEN ODER RISOTTO.

PARMESANCHIPS

FÜR 4 PORTIONEN   ZUBEREITUNG 5 MIN.
BACKZEIT 5 MIN.

100 g **Parmesankäse, gerieben**

Backofen auf 200 °C vorheizen
Auf ein antihaftbeschichtetes oder mit einem Backpapier belegtes Backblech im Abstand von mindestens 1 cm kleine Häufchen aus Parmesan setzen.
Backblech für 4–5 Min. in den heißen Ofen schieben.
Die Chips sind fertig, sobald der Käse geschmolzen ist.

TIPP
Mit Backringen werden die Chips schön rund. Mit einem Wellholz lassen sich die noch warmen Käsechips besonders dünn ausrollen.

SPECKCHIPS

ERGIBT 8 CHIPS   BACKZEIT 5 MIN.

8 **Scheiben geräucherter Bauchspeck**

Eine antihaftbeschichtete Pfanne bei mittlerer Temperatur vorwärmen, dann die Speckstreifen so hineinlegen, dass sie nicht überlappen.
Sobald der Speck von unten leicht gebräunt ist, wenden und von der anderen Seite knusprig braten.
Chips auf Küchenpapier abtropfen lassen.

SCHINKENCHIPS

ERGIBT 4 GROSSE CHIPS   BACKZEIT 6 MIN.

4 **Scheiben roher Schinken (z. B. Bayonne- oder Serranoschinken)**, 1 TL **erhitzbares Olivenöl**

Öl bei mittlerer Temperatur in einer Bratpfanne erhitzen, dann die Schinkenscheiben nebeneinander hineinlegen, sodass sie nicht überlappen.
Sobald der Schinken von unten gebräunt ist, wenden und von der anderen Seite knusprig braten.
Schinkenchips auf Küchenpapier abtropfen lassen.

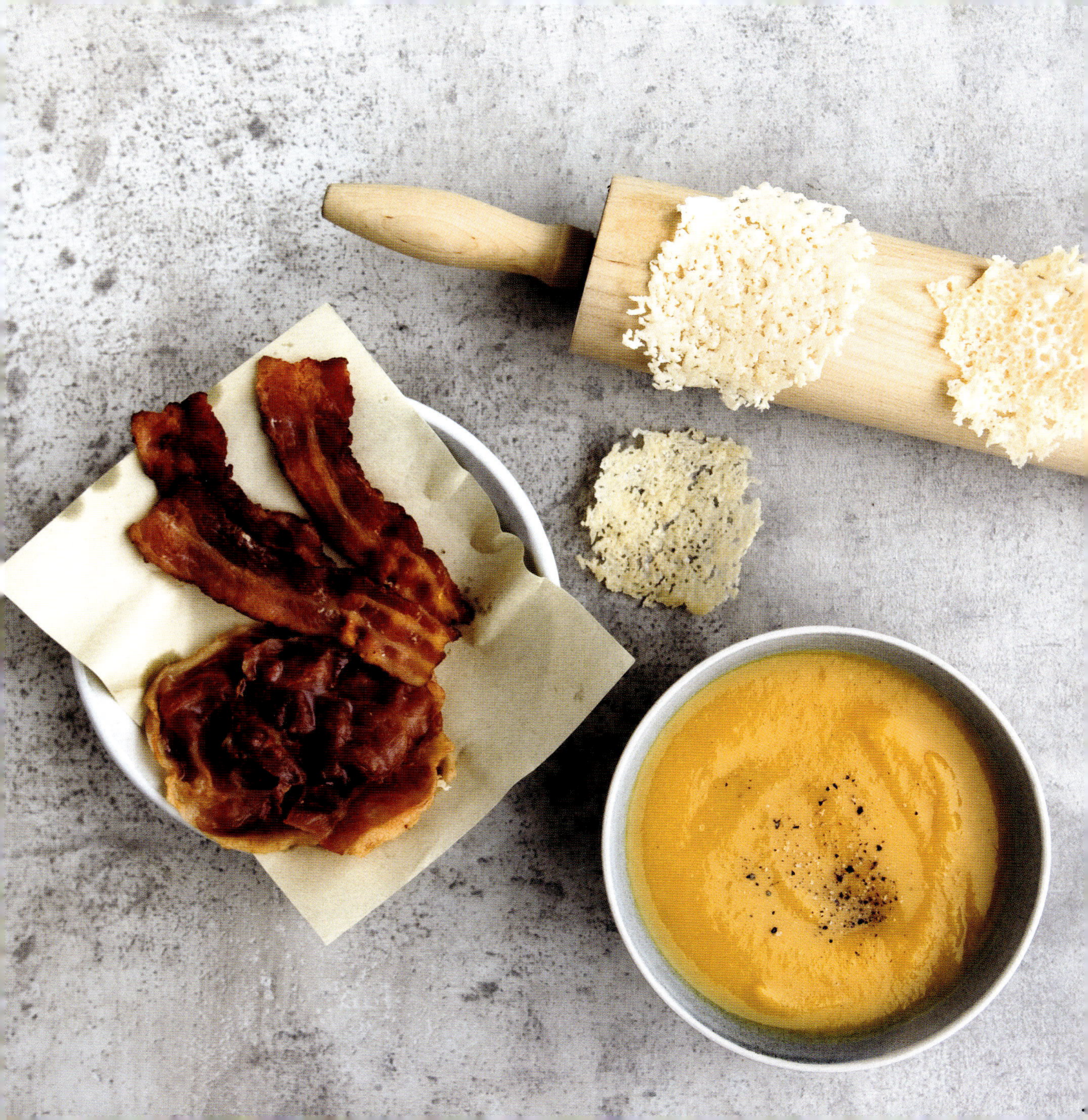

FÜR 4 PORTIONEN · ZUBEREITUNG 30 MIN. · FRITTIERZEIT 10–12 MIN.

TRADITIONELLE POMMES FRITES

1 kg **Kartoffeln (Charlotte oder Bintje)**

3 l **Frittieröl (Seite 4)**

Salz

ZUBEREITUNG

Kartoffeln schälen. Entweder mit einem Messer oder dem Pommeseinsatz des Gemüsehobels in 1 cm dicke und 6–7 cm lange Stäbchen schneiden. Kartoffelstäbchen so lange kalt abspülen, bis das Wasser klar bleibt. Bis zum Frittieren in kaltem Wasser aufbewahren. Abtropfen lassen und mit einem Geschirrtuch trocknen.

FRITTIEREN

Echte Pommes frites werden in zwei Phasen frittiert. Zunächst das Öl auf 160 °C erhitzen und die Pommes frites darin in kleinen Mengen je nach Dicke ca. 5 Min. frittieren, ohne dass sie Farbe annehmen. Anschließend sofort auf Küchenpapier abtropfen lassen. Vorfrittierte Pommes auf einem Backblech bei Raumtemperatur beiseitestellen.

SERVIEREN

Unmittelbar vor dem Servieren die Pommes frites in 180 °C heißem Öl erneut frittieren, bis sie Farbe bekommen und knusprig werden. Auf Küchenpapier abtropfen lassen, mit Salz bestreuen und sofort servieren.
Nach Geschmack Ketchup, Mayonnaise oder Senf dazu reichen.

ZUBEREITUNG IM BACKOFEN

Wer es lieber etwas fettreduziert mag, kann die Pommes frites auch im Backofen zubereiten. Dazu den Ofen auf 210 °C vorheizen.
Zunächst die eine Hälfte der Kartoffelstäbchen mit drei Esslöffeln Olivenöl in einen großen Gefrierbeutel geben. Den Beutel fest verschließen und gut schütteln, bis alle Kartoffelstäbchen mit Öl überzogen sind. Mit der anderen Hälfte ebenso verfahren.
Kartoffelstäbchen auf einem mit Backpapier ausgelegten oder antihaftbeschichteten Backblech ausbreiten und im vorgeheizten Ofen ca. 30 Min. backen, dabei von Zeit zu Zeit wenden.
Abschließend mit Salz bestreuen und servieren.

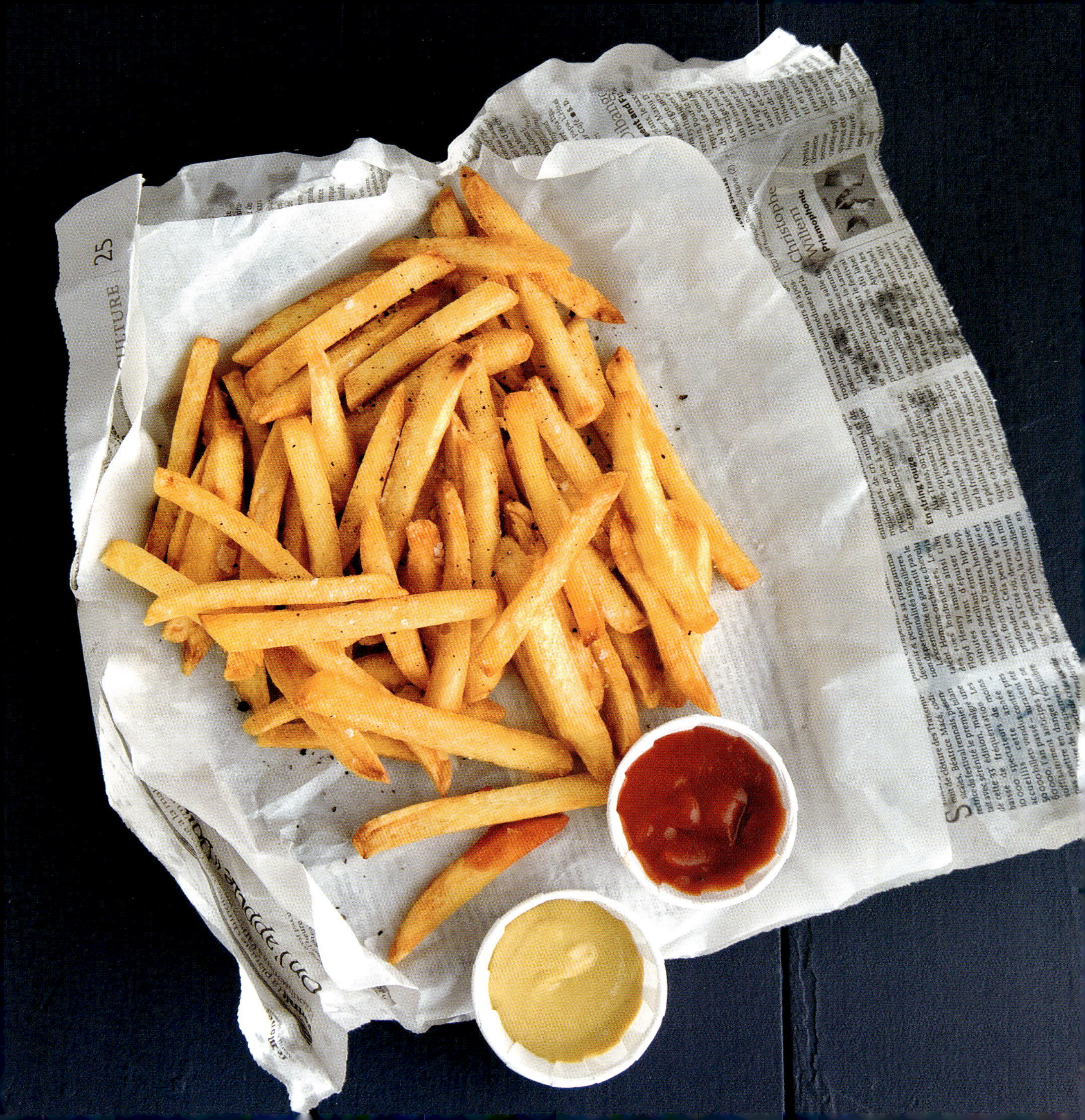

FÜR 4 PORTIONEN   ZUBEREITUNG 30 MIN.   FRITTIERZEIT 8–10 MIN.

POMMES FRITES MIT ENTENSCHMALZ

1 kg **Kartoffeln**
(Charlotte oder Bintje)

2 kg **Entenschmalz**

ZUBEREITUNG
Kartoffeln schälen und in ca. 1 cm starke lange Stäbchen schneiden. Kartoffelstäbchen unter fließendem Wasser abspülen, bis das Wasser klar wird. Bis zum Frittieren in kaltem Wasser aufbewahren. Abtropfen lassen und mit einem Geschirrtuch trocknen.

FRITTIEREN
Entenschmalz in einer Fritteuse auf 160 °C erhitzen und die Kartoffelstäbchen darin in kleinen Mengen je nach Dicke ca. 5 Min. frittieren, ohne dass sie Farbe annehmen. Anschließend sofort auf Küchenpapier abtropfen lassen. Vorfrittierte Pommes auf einem Backblech bei Raumtemperatur beiseitestellen.
Unmittelbar vor dem Servieren die Pommes frites im 180 °C heißen Schmalz erneut frittieren, bis sie goldgelb sind.
Auf Küchenpapier abtropfen lassen, mit Salz bestreuen und mit Holzzahnstochern sofort servieren.

FRITTIEREN IM SCHMORTOPF
Für das Frittieren im Schmortopf reichen 1,4 kg Entenschmalz. Das Fett ca. 5 Min. bei mittlerer Temperatur erhitzen. Zum Überprüfen der Temperatur das Ende eines Kartoffelstäbchens hineinhalten. Das Fett hat die richtige Temperatur, wenn es brutzelt und sich kleine Bläschen um das Kartoffelstäbchen bilden.
Wie oben beschrieben in zwei Schritten frittieren.

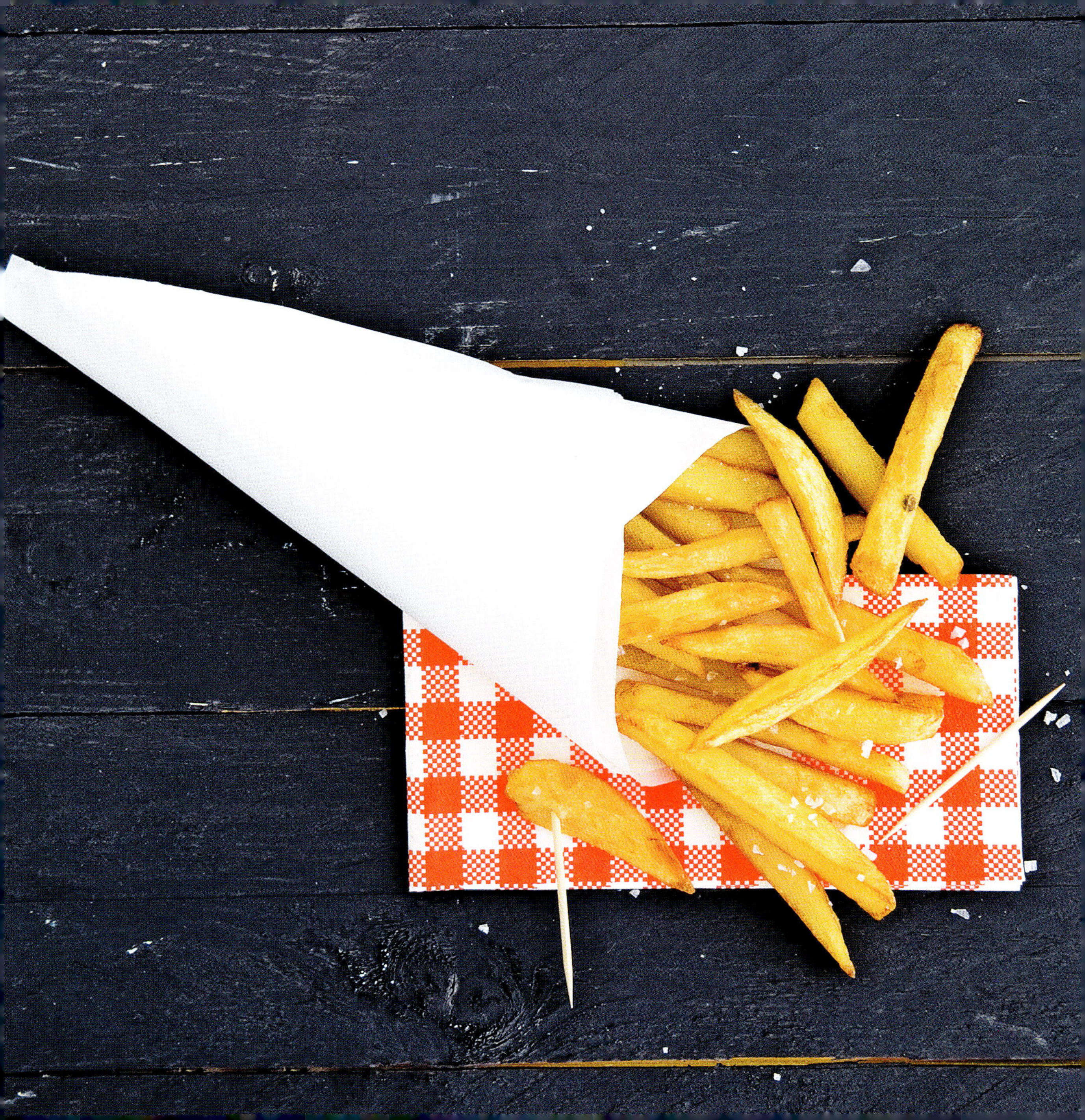

FÜR 4 PORTIONEN   ZUBEREITUNG 20 MIN.   FRITTIERZEIT CA. 5 MIN.

STROHKARTOFFELN

1 kg **Kartoffeln (Charlotte oder Bintje)**

3 l **Frittieröl (Seite 4)**

4 **Rosmarinzweige**

Salz

ZUBEREITUNG
Kartoffeln schälen, mithilfe eines Julienneschneiders oder mit einem Julienneeinsatz für den Gemüsehobel dünne Streifen (sogenannte Juliennes) schneiden und in kaltes Wasser legen.
Die Streifen so lange kalt abspülen, bis das Wasser klar bleibt. Bis zum Frittieren in kaltem Wasser aufbewahren.
Kurz vor dem Frittieren die Kartoffelstreifen abtropfen lassen und mit einem Geschirrtuch trocknen.

FRITTIEREN
Öl auf 160 °C erhitzen. Temperatur mit einem Kartoffelstreifen prüfen: Sobald sich kleine Bläschen bilden, ist die Temperatur richtig. Jeweils eine kleine Menge Strohkartoffeln ins heiße Öl geben, umrühren, damit sie nicht aneinanderkleben, und ca. 5 Min. frittieren, bis sie goldgelb und knusprig sind.
Wenn die Strohkartoffeln gerade beginnen, etwas Farbe anzunehmen (nach ca. 3 Min.), jeweils einen Rosmarinzweig zugeben. Gut auf Küchenpapier abtropfen lassen und mit Salz bestreuen.

SERVIEREN
Strohkartoffeln bis zum Servieren im Backofen bei 65 °C warm halten.

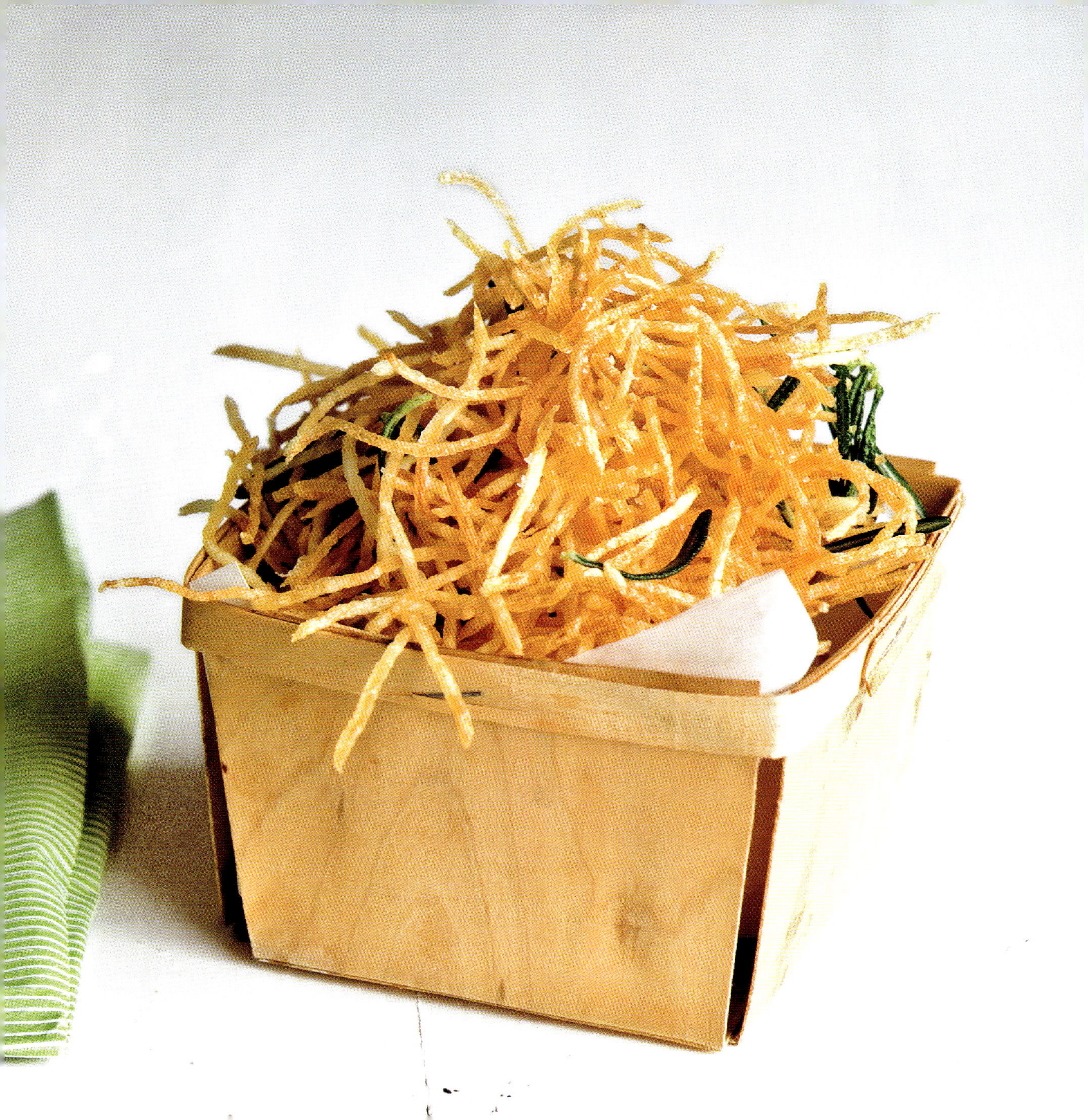

FÜR 4 PORTIONEN   ZUBEREITUNG 20 MIN.   BACKZEIT CA. 30 MIN.

SÜSSKARTOFFEL- UND KNOLLENSELLERIE-FRITES

1 **kleiner Knollensellerie**

2 **Süßkartoffeln**

2–3 EL **erhitzbares Olivenöl**

Salz

ZUBEREITUNG
Backofen auf 210 °C vorheizen.
Gemüse schälen und in ca. 1 cm breite und 6–7 cm lange Stäbchen schneiden.
Jeweils eine geringe Menge der Gemüsestäbchen in einen großen Gefrierbeutel geben. 2–3 EL Olivenöl dazugeben, den Beutel fest verschließen und schütteln, bis alle Gemüsestäbchen mit Öl überzogen sind.

BACKEN IM OFEN
Gemüsestäbchen auf einem antihaftbeschichteten oder mit Backpapier belegten Backblech ausbreiten. Im vorgeheizten Backofen ca. 30 Min. backen und dabei von Zeit zu Zeit wenden.

WÜRZEN
Unmittelbar vor dem Servieren mit Salz bestreuen. Das Olivenöl kann nach Geschmack auch mit 1 TL Gewürz (z.B. Paprika-, Chili- oder Currypulver) vermischt werden. Die Gemüsestäbchen dann mit dem aromatisierten Öl im Gefrierbeutel überziehen.

FRITTIEREN
Variante: 3 Liter Öl (Seite 4) auf 180 °C erhitzen.
Süßkartoffeln müssen in zwei Phasen frittiert werden (siehe auch Seite 48), während für den Knollensellerie ein einmaliges Frittieren ausreichend ist.

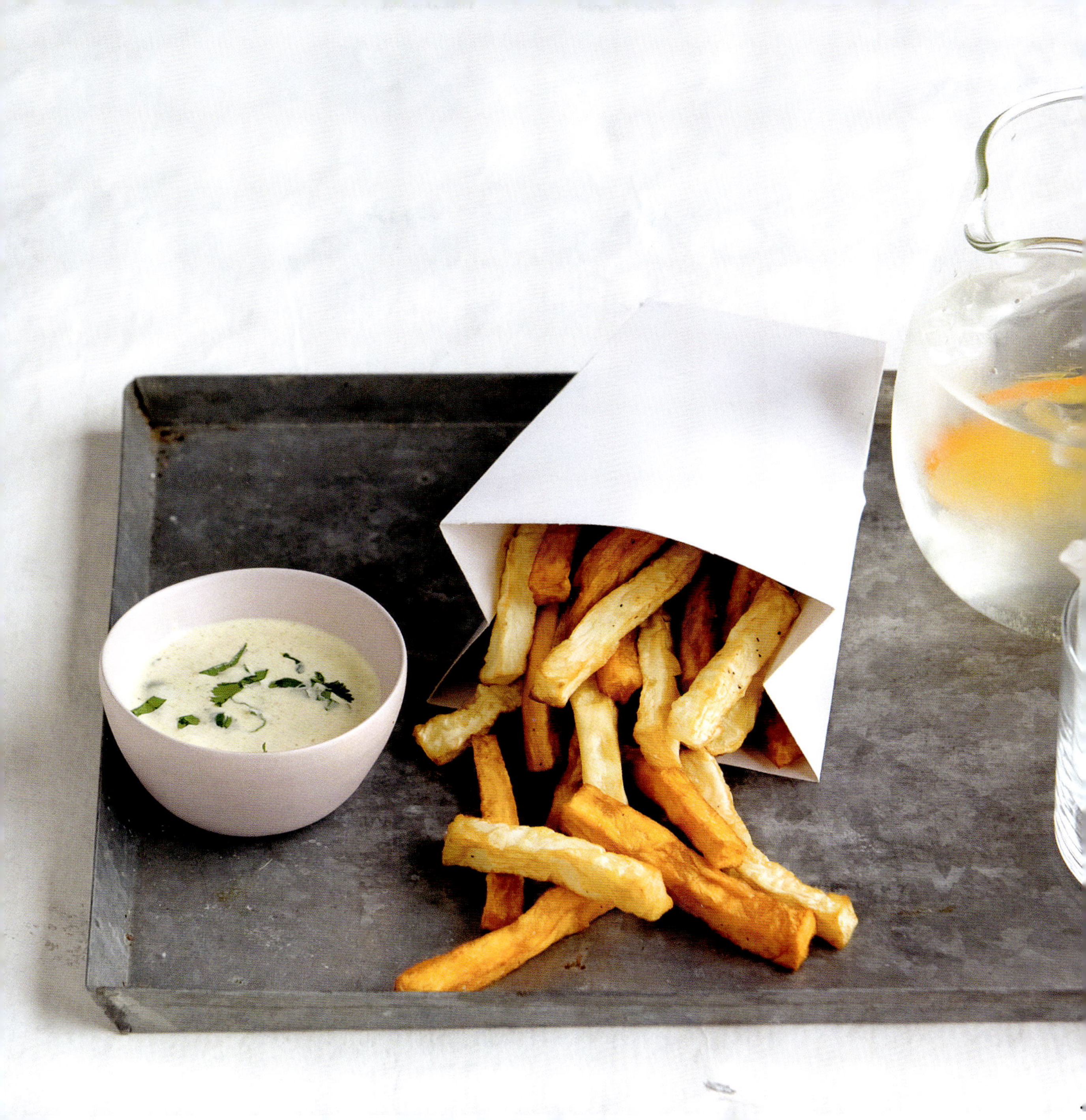

FRITTIERTE AUBERGINEN

FÜR 4 PORTIONEN · ZUBEREITUNG 30 MIN. · FRITTIERZEIT CA. 5 MIN.

2 **Auberginen, grobes Salz**, 4 EL **Reismehl** oder **Weizenmehl**, 2 EL **Za(h)tar***, 3 l **Frittieröl (Seite 4)**

ZUBEREITUNG
Auberginen waschen und in gut 1 cm dicke Stäbchen schneiden. Mit grobem Salz bestreuen und in einem Sieb 30 Min. lang Wasser ziehen lassen.
Auberginen mit den Händen vorsichtig leicht auspressen und anschließend sorgfältig mit einem Geschirrtuch oder Küchenpapier trocknen.

WÜRZEN
In einer großen Schüssel das Mehl mit den Gewürzen mischen. Auberginenstäbchen darin wälzen, bis sie mit gewürztem Mehl ganz überzogen sind.

FRITTIEREN
Öl auf 180 °C erhitzen und jeweils eine kleine Menge Auberginenstäbchen darin goldbraun und knusprig frittieren.
Fertig frittierte Auberginen auf Küchenpapier abtropfen lassen.

SERVIEREN
Entweder pur genießen oder Tzatziki (griechischer Gurken-Knoblauch-Dip) und Zitronenviertel dazu reichen.

* Za(h)tar ist eine nordafrikanische Gewürzmischung, die in orientalischen Lebensmittelläden erhältlich ist. Sie besteht hauptsächliche aus Sumach, syrischem Ysop oder syrischem Majoran (arabisch: Zatar), Sesam und Salz. Za(h)tar wird auch in der Türkei und im Nahen Osten verwendet.

** Reismehl ist in asiatischen Lebensmittelläden erhältlich und eine besonders leichte Form der Panade. Aber normales Mehl ist dafür auch verwendbar.

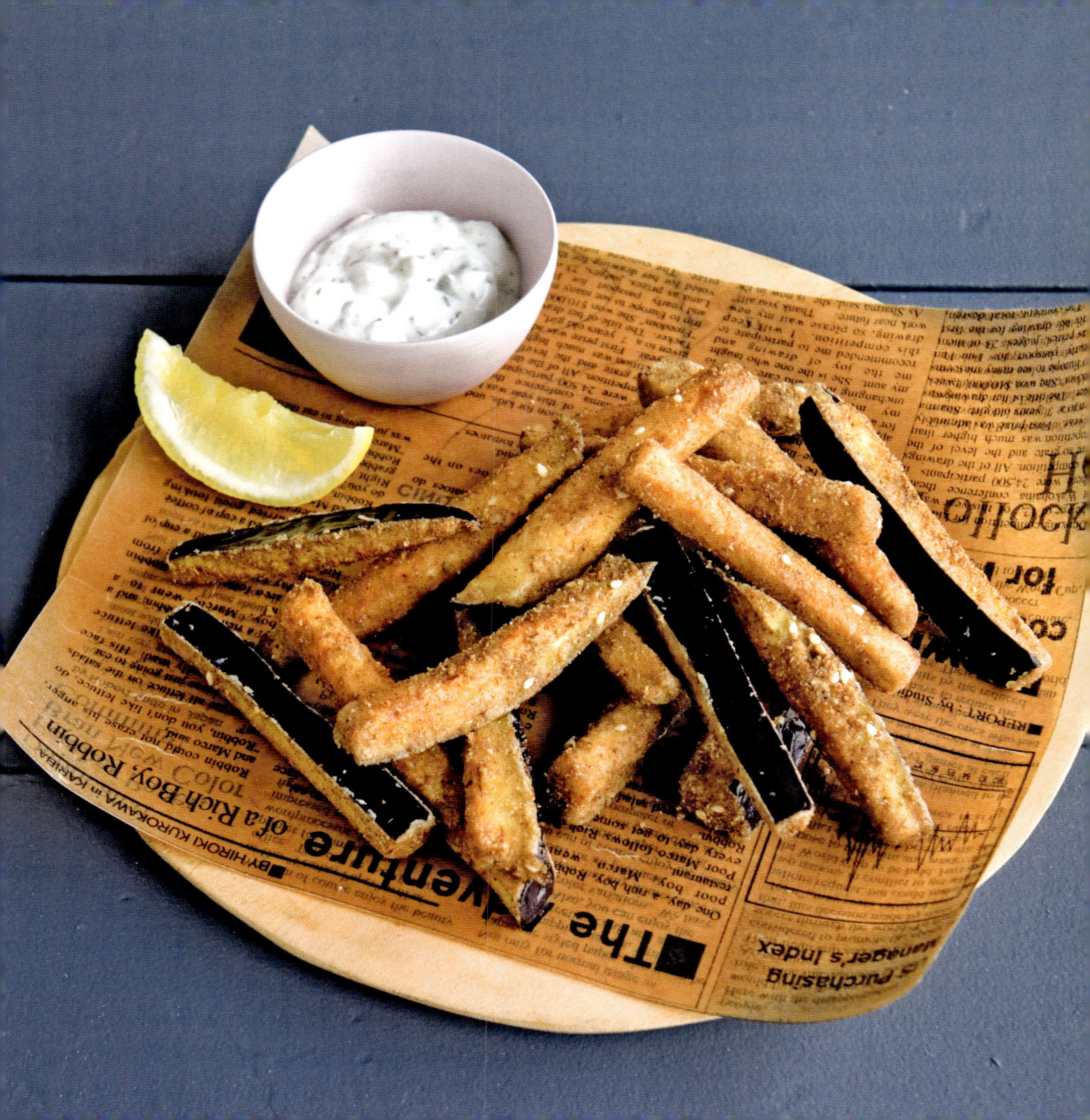
of a Rich Boy, Robbin
Manager's Index

FÜR 4 PORTIONEN   ZUBEREITUNG 15 MIN.   FRITTIERZEIT CA. 10–15 MIN.

WÜRZIGE KARTOFFELECKEN

4 EL **Mehl**

30 g **mexikanische Gewürzmischung (z. B. Taco-Gewürz) oder eine Mischung aus Kreuzkümmelpulver, Oregano und schwarzem Pfeffer**

1 TL **Knoblauchpulver**

1 kg **schmale, mittelgroße Kartoffeln (Charlotte)**

Salz

3 l **Frittieröl (Seite 4)**

ZUBEREITUNG
In einer großen Schüssel das Mehl mit der Gewürzmischung und dem Knoblauchpulver vermischen.
Kartoffeln waschen, dabei gut abbürsten. Ungeschälte Kartoffeln längs vierteln und zum gewürzten Mehl in die Schüssel geben. Kartoffeln und Mehl sorgfältig mischen, bis die Kartoffelecken gleichmäßig mit Mehl überzogen sind.

FRITTIEREN
Öl auf 170 °C erhitzen und die Kartoffelecken darin jeweils in kleinen Mengen je nach Größe ca. 10–15 Min. knusprig goldbraun frittieren. Sofort auf Küchenpapier abtropfen lassen, mit Salz bestreuen.

SERVIEREN
Mit einer selbst gemachten Mayonnaise oder Aïoli (Knoblauch-Mayonnaise) servieren.

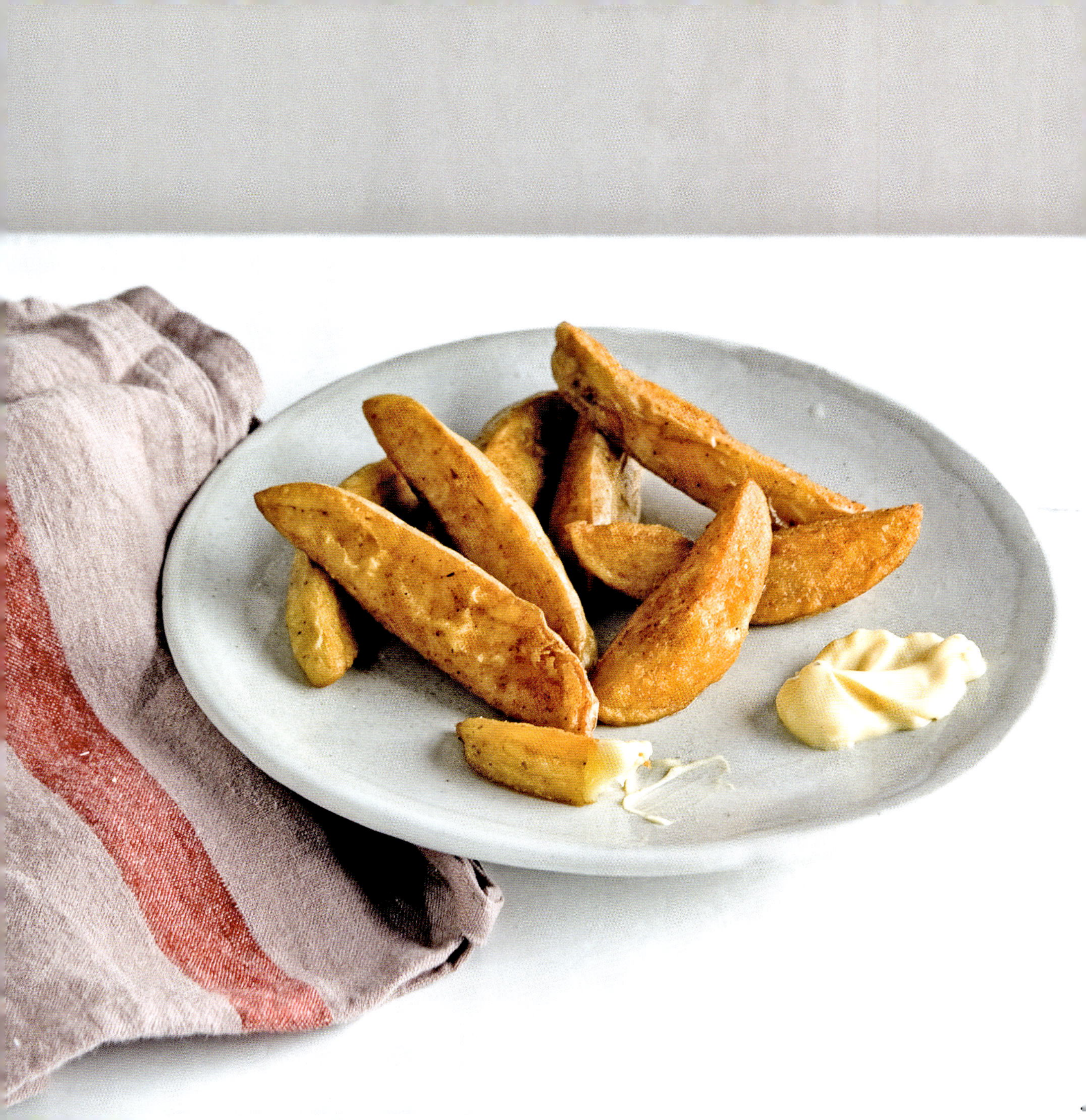

FÜR 4 PORTIONEN   ZUBEREITUNG 15 MIN.   BACKZEIT CA. 40 MIN.

BACKOFENKARTOFFELN MIT LIMETTE

1 kg **schmale, mittelgroße Kartoffeln (z. B. Charlotte)**

ca. 6 EL **erhitzbares Olivenöl**

Fleur de Sel

weißer Pfeffer, frisch gemahlen

1–2 **unbehandelte Bio-Limetten**

ZUBEREITUNG
Backofen auf 180 °C vorheizen.
Kartoffeln waschen, dabei gründlich abbürsten. Ungeschälte Kartoffeln längs vierteln oder achteln, in Öl wenden, bis sie damit überzogen sind und glänzen.

BACKEN IM OFEN
Kartoffelspalten auf einem antihaftbeschichteten oder mit Backpapier belegten Backblech verteilen und ca. 40 Min. im vorgeheizten Ofen backen, bis sie goldbraun und knusprig sind. Dabei ab und zu wenden.

WÜRZEN
Unmittelbar vor dem Servieren mit Fleur de Sel und frisch gemahlenem Pfeffer bestreuen. Etwas Limettenschale darüberreiben und mit ein paar Spritzern Limettensaft würzen.

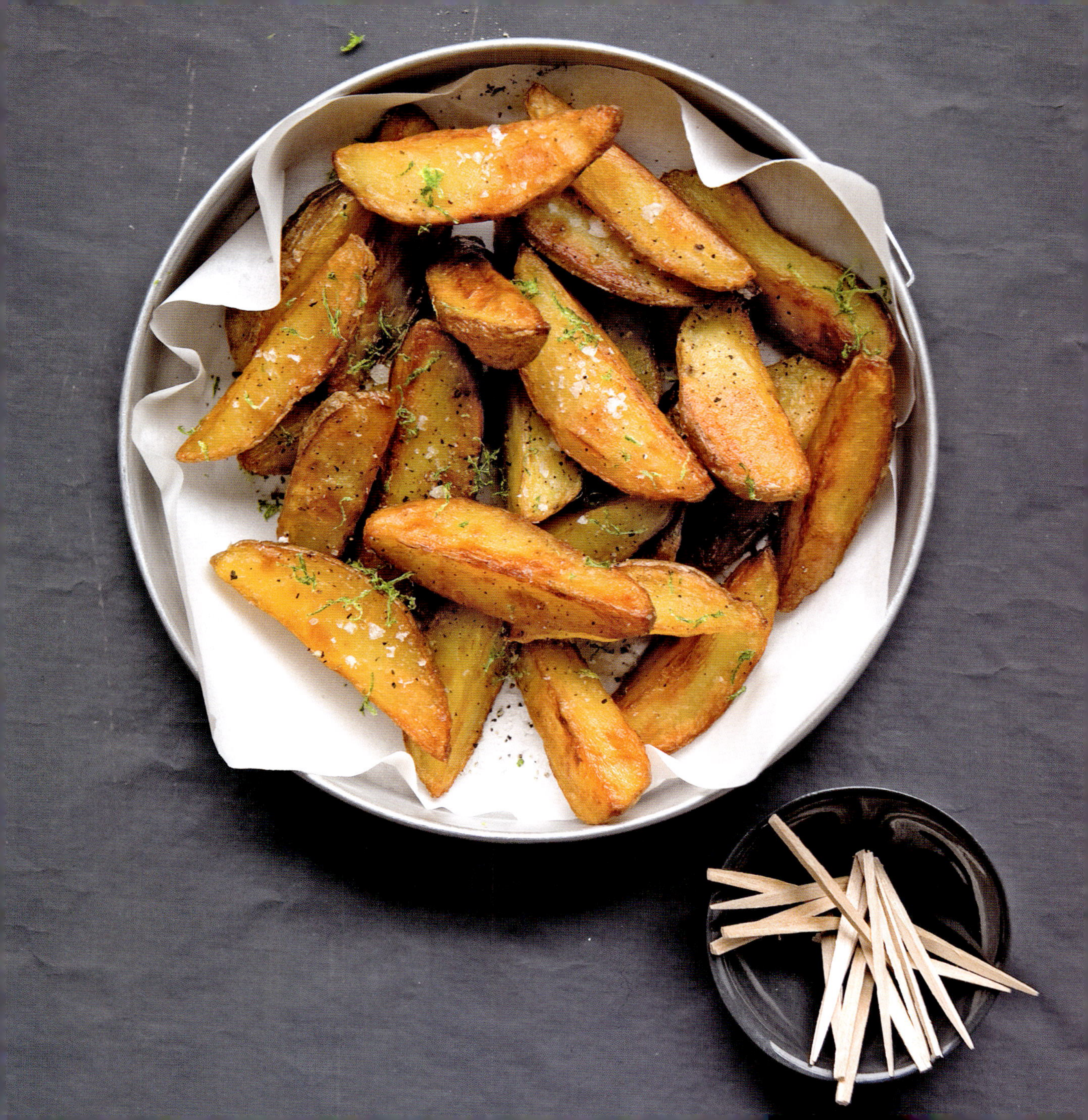

FÜR 4 PORTIONEN ZUBEREITUNG 30 MIN. FRITTIERZEIT CA. 10–12 MIN.

FRITTIERTE SÜSSKARTOFFELN IM SESAMMANTEL

2 **Süßkartoffeln**

2 **Eier**

Salz und Pfeffer

5 EL **Reismehl**

5 EL **weißer Sesamsamen**

3 l **Frittieröl (Seite 4)**

ZUBEREITUNG

Süßkartoffeln schälen und in ca. 1 cm dicke Stäbchen schneiden. Für die Panade Eier verquirlen, mit Salz und Pfeffer würzen und in einen tiefen Teller geben. Reismehl mit etwas Salz vermischen und in einen weiteren tiefen Teller geben. Sesam in einen dritten Teller geben und die Süßkartoffeln nacheinander zunächst in der Eimischung, dann im Reismehl, erneut in der Eimischung und schließlich im Sesam wälzen. Die Süßkartoffelstäbchen sollten vollständig mit der Sesampanade überzogen sein.

FRITTIEREN

Öl auf 180 °C erhitzen und die Süßkartoffelstäbchen darin jeweils in kleinen Mengen ca. 10–12 Min. frittieren, bis sie etwas Farbe angenommen haben.
Auf Küchenpapier abtropfen lassen und sofort servieren.

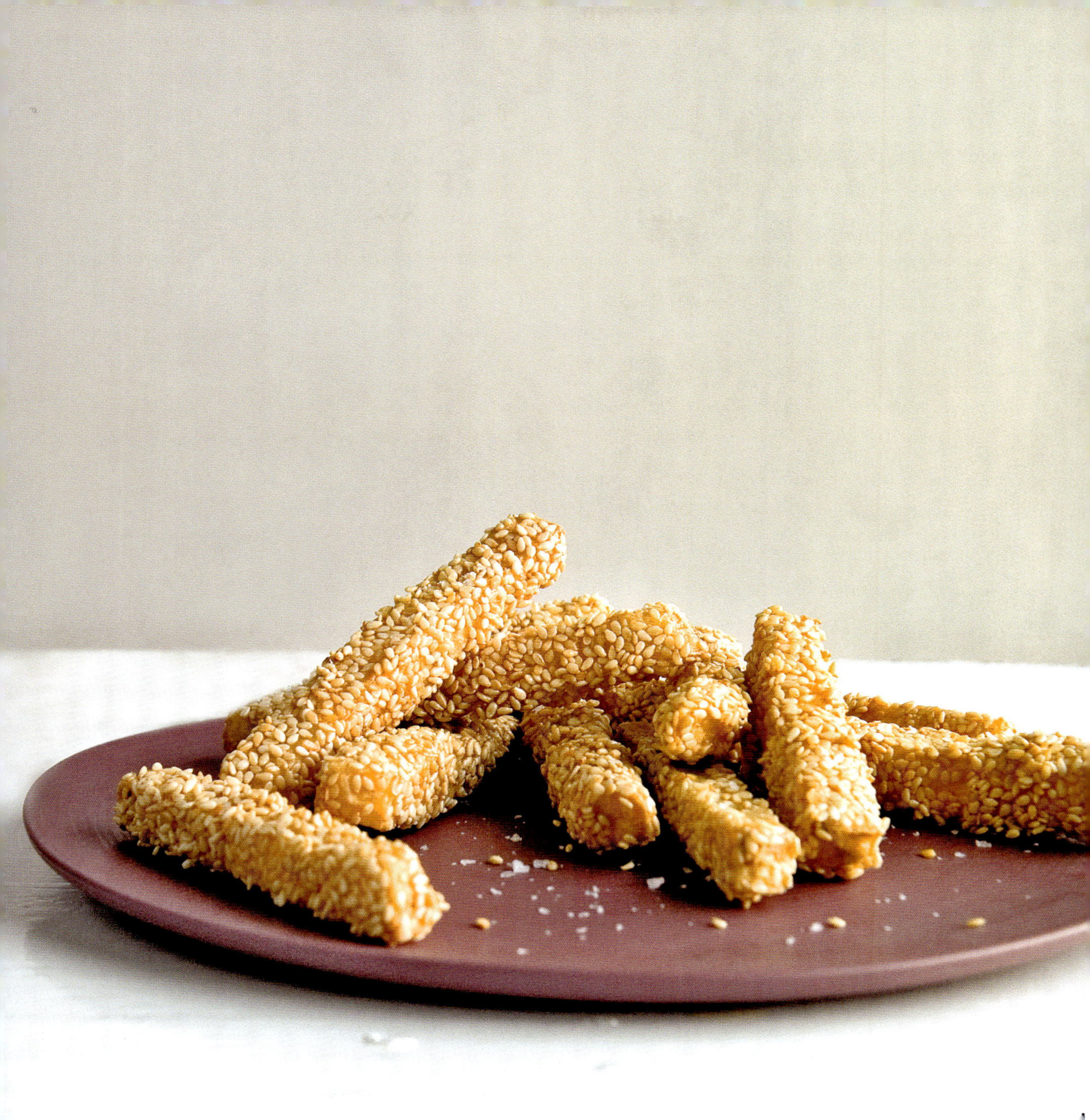

GUACAMOLE

FÜR 1 KLEINE SCHALE   ZUBEREITUNG 10 MIN.

2 **reife Avocados (vorzugsweise Hass-Avocados mit dunkelvioletter, warziger Schale)**, 1 **Limette**, ½ **Tomate**, ¼ **Zwiebel**, ¼ **Bund Koriander, Salz, Pfeffer, Chilipulver oder Tabasco (nach Geschmack)**

Avocados schälen und grob würfeln. In einer kleinen Schüssel Avocadowürfel mit einer Gabel zerdrücken. Mit Salz und Pfeffer würzen, die Hälfte des Limettensafts zugießen. Tomate entkernen, Strunk entfernen und das Fruchtfleisch in kleine Würfel schneiden. Zwiebel und Koriandergrün klein hacken. Restliche Zutaten untermischen, abschmecken und nach Geschmack etwas Chilipulver oder Tabasco untermischen.

SALSA

FÜR 1 KLEINE SCHALE   ZUBEREITUNG 10 MIN.

3 **reife Tomaten,** 1 **grüne Chilischote,** ½ **Zwiebel,** ½ **Bund Koriander,** 2 EL **Olivenöl,** 1 **Limette, Salz und Pfeffer**

Tomaten vierteln, entkernen und Fruchtfleisch in kleine Würfel schneiden. Grüne Chilischote längs halbieren, entkernen und klein würfeln. Zwiebel und Koriandergrün klein hacken und alles zusammen in eine Schüssel geben. Öl darübergießen, zunächst die Hälfte des Limettensafts dazugeben und mit Salz und Pfeffer würzen. Alles gut verrühren, abschmecken und eventuell nachwürzen.

RICOTTADIP MIT CURRY

FÜR 1 KLEINE SCHALE   ZUBEREITUNG 5 MIN.

150 g **Ricotta-Frischkäse,** ½ **Zwiebel,** 1 TL **Currypulver,** 2 EL **Olivenöl, Salz und Pfeffer**

Zwiebel klein hacken und mit den anderen Zutaten gut verrühren. Dip abschmecken und nach Geschmack noch etwas Currypulver hinzufügen.

ROQUEFORTCREME

FÜR 1 KLEINE SCHALE   ZUBEREITUNG 5 MIN.

150 ml **Crème fraîche,** 200 g **Roquefortkäse, Salz und Pfeffer**

Crème fraîche mit zerkleinertem Roquefort vermischen, mit wenig Salz und Pfeffer würzen. Abschmecken und eventuell nachwürzen.
Alternativ kann auch Quark statt Crème fraîche verwendet werden.

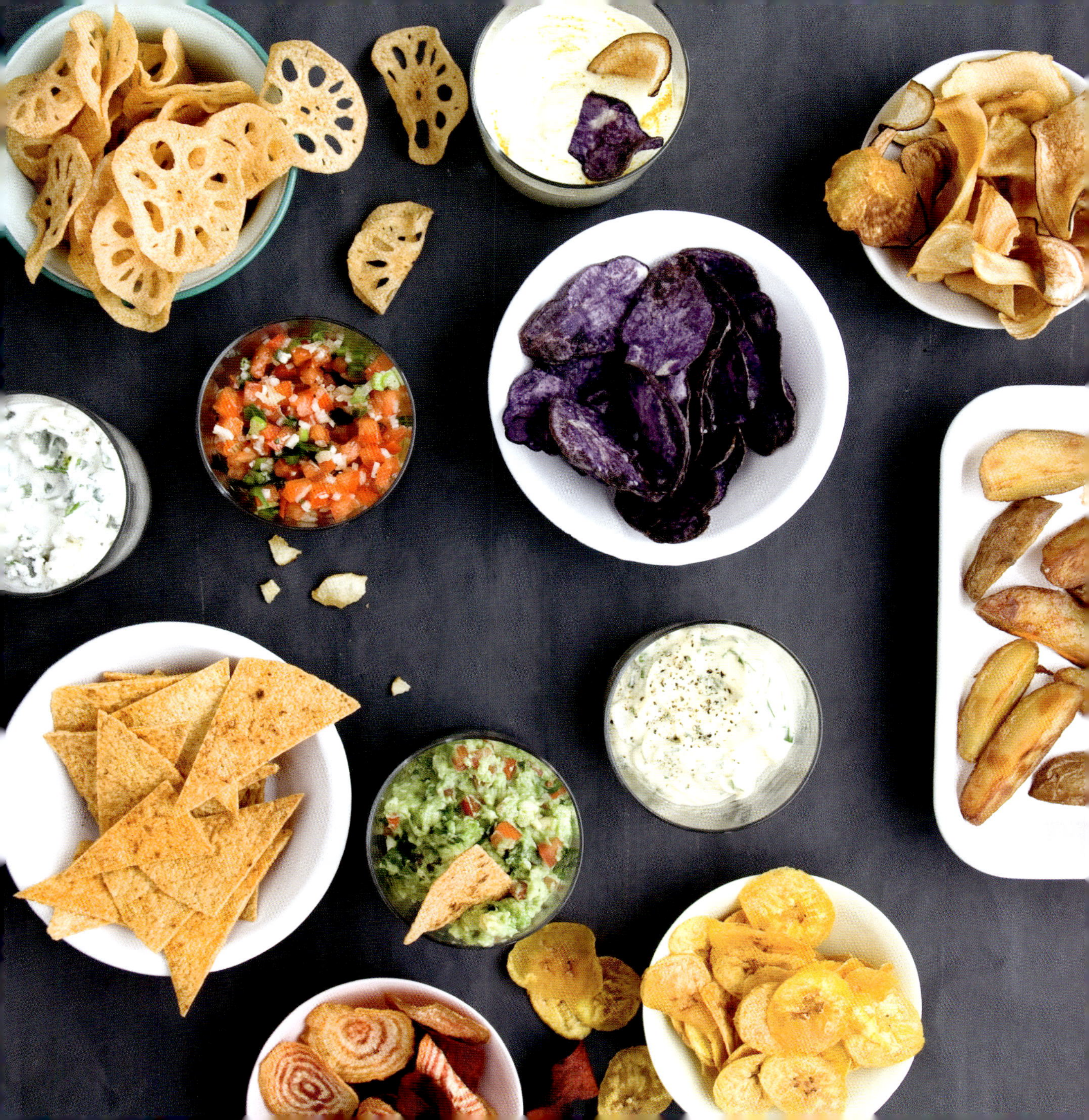

SÜSSE CHIPS

KROKANTCHIPS

FÜR 4 PORTIONEN ZUBEREITUNG 10 MIN.
BACKZEIT 5 MIN.

4 **Filoteigblätter,** 1 **Beutel Krokant,** 50 g **zerlassene Butter, Puderzucker**

Zubereitung
Backofen auf 180 °C vorheizen.
Filoteigblätter in beliebig große Rechtecke schneiden. Teigstücke von beiden Seiten mit der zerlassenen Butter bepinseln.

BACKEN IM OFEN
Teigstücke auf ein antihaftbeschichtetes oder mit Backpapier belegtes Backblech legen und mit Krokant bestreuen.
Im vorgeheizten Ofen ca. 5 Min. backen, bis die Chips goldbraun und knusprig sind. Anschließend mit Puderzucker bestäuben.

SÜSSE WANTANS MIT ZIMT

FÜR 4 PORTIONEN ZUBEREITUNG 10 MIN.
FRITTIERZEIT 3–5 MIN.

16 **Wantan-Teigblätter,** 3 l **Frittieröl (Seite 4),** 3 EL **feiner Zucker,** 1 TL **Zimtpulver**

ZUBEREITUNG
Je zwei Teigblätter übereinanderlegen und so durchschneiden, dass die Teigstreifen gleich groß sind. Die doppelten Teigstreifen drehen und dabei leicht in die Länge ziehen, sodass eine kleine Spirale entsteht.

FRITTIEREN
Öl auf 180 °C erhitzen und jeweils 2–3 Wantanspiralen auf einmal frittieren, bis sie goldbraun und aufgegangen sind. Spiralen auf Küchenpapier abtropfen lassen und mit einer Mischung aus Zucker und Zimt bestreuen.

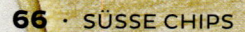

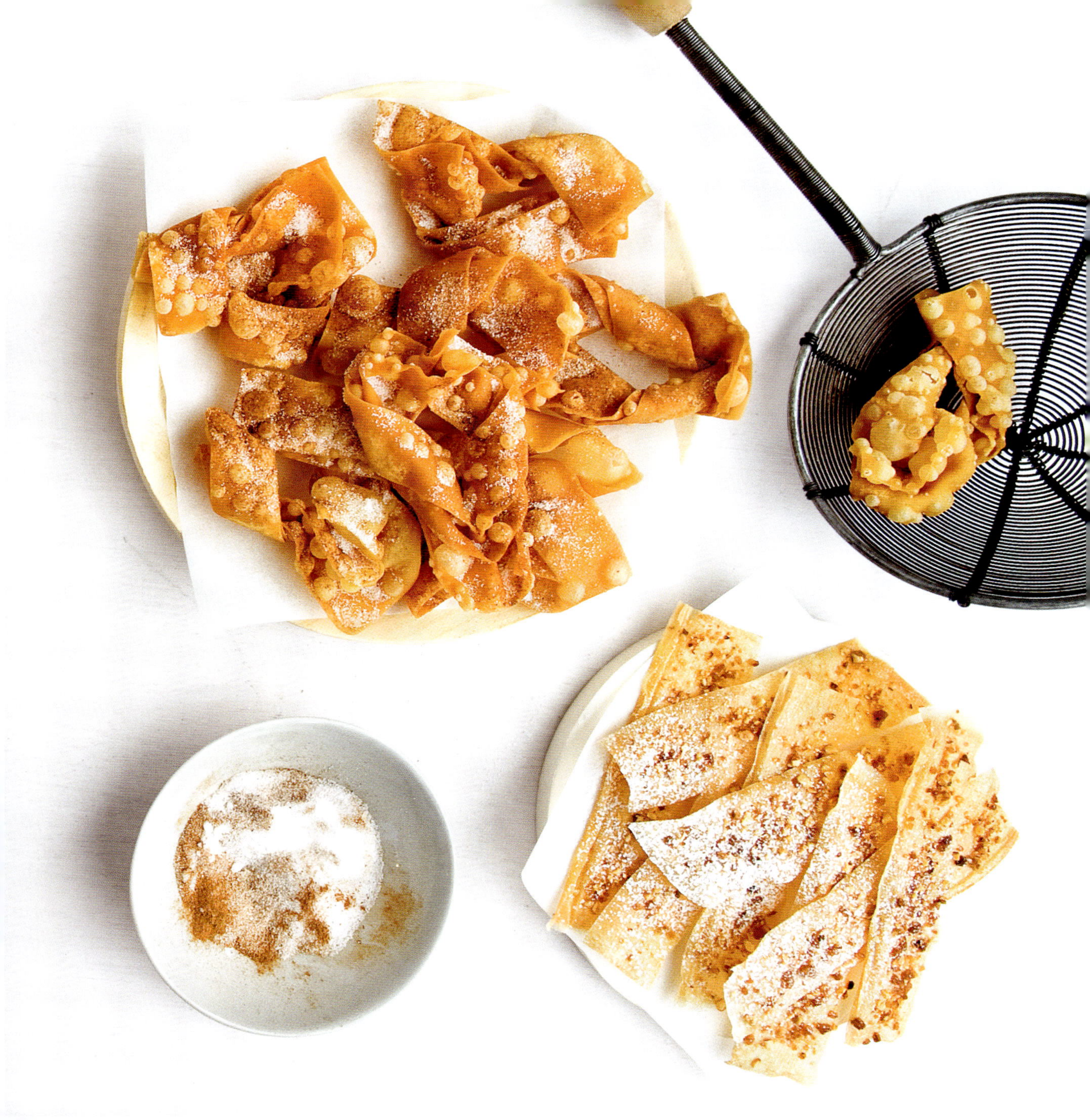

FÜR CA. 6 PORTIONEN   VORBEREITUNG ÜBER NACHT   ZUBEREITUNG 25 MIN.   FRITTIERZEIT CA. 5 MIN.

MERVEILLES

250 g **Mehl**

1 TL **Salz**

15 g **Zucker**

3 EL **Orangenblütenwasser**

2 **Eier**

75 g **weiche Butter**

Mehl zum Auswellen

3 l **Frittieröl (Seite 4)**

Puderzucker

VORBEREITUNG
Am Vortag in einer Küchenmaschine Mehl, Salz, Zucker, Orangenblütenwasser und Eier zu einem glatten Teig verrühren. Butter hinzufügen und weiter rühren, bis der Teig geschmeidig wird und sich beim Rühren leicht vom Schüsselrand löst.
Wenn der Teig nicht mehr an den Fingern kleben bleibt, den Teig in Klarsichtfolie einwickeln und über Nacht im Kühlschrank ruhen lassen.

ZUBEREITUNG
Am nächsten Tag den Teig so dünn wie möglich auf einer mit Mehl bestäubten Arbeitsfläche ausrollen, in lange Streifen und ca. 7–8 cm lange Stücke schneiden.

FRITTIEREN
Öl auf 160 °C erhitzen und nacheinander jeweils 2–3 Merveilles auf einmal im heißen Öl goldbraun frittieren.
Sofort auf Küchenpapier abtropfen lassen und mit Puderzucker bestäuben.

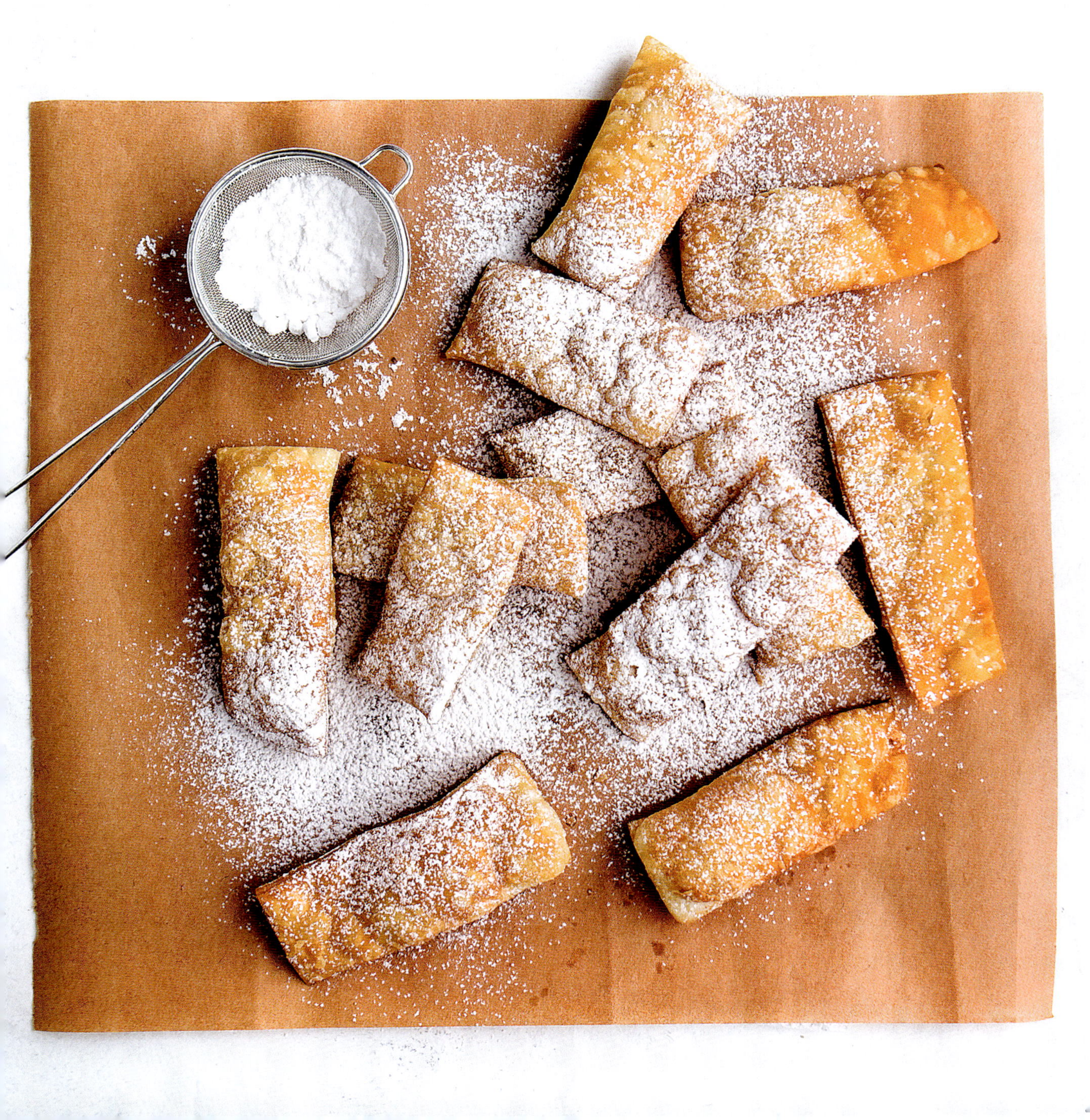

FÜR 4 PORTIONEN   ZUBEREITUNG 10 MIN.   FRITTIERZEIT 10 MIN.

CHURROS MIT SCHOKOLADENSAUCE

300 ml **Wasser**

das gleiche Volumen an **Mehl (ca. 200 g) oder halb Mais- und halb Weizenmehl**

1 **Prise Salz**

3 l **Frittieröl (Seite 4)**

60 g **Zucker**

150 g **Milchschokolade oder dunkle Schokolade**

100 ml **süße Sahne/Rahm**

BRANDTEIG
Wasser und Salz in einen Topf geben und aufkochen.
Den Topf vom Herd ziehen, das Mehl auf einmal dazugeben und zügig mit einem Kochlöffel unterrühren, bis ein glatter Teig entsteht.
Teig in einen Spritzbeutel mit einer sternförmigen Tülle (Durchmesser mindestens 10 mm) füllen.

FRITTIEREN
Das Öl auf 180 °C erhitzen und den Teig portionsweise direkt in die Fritteuse oder den Topf spritzen. Ungefähr alle 10 cm den Teig mit einem Messer oder einer Schere abschneiden.
Immer nur je zwei Churros gleichzeitig goldbraun frittieren und dabei gelegentlich wenden.
Churros auf Küchenpapier abtropfen lassen, anschließend in Zucker wälzen.

SAUCE
Schokolade grob zerkleinern und in eine Schale geben. Sahne aufkochen und über die Schokolade gießen. Vor dem Umrühren 2 Min. warten. Sollte die Sauce zu fest werden, im Wasserbad oder ½ Min. in der Mikrowelle erhitzen.

SERVIEREN
Churros immer sofort servieren. Die noch warmen Churros in die Schokoladensauce dippen und genießen.

IMPRESSUM

Die französische Originalausgabe erschien 2012 unter dem Titel »Chips Maison« bei Hachette Livre – Marabout.
© für die französische Ausgabe: Hachette Livre (Marabout), Paris 2012
© für die deutsche Ausgabe: Walter Hädecke Verlag, Weil der Stadt, 2013
Lizenzausgabe für die Schweiz: FONA Verlag AG, CH-5600 Lenzburg

Printed in China 2013
4 3 2 1 | 2016 2015 2014 2013
ISBN 978-3-0378-0490-2

Alle Rechte vorbehalten, insbesondere die der Übersetzung, der Übertragung durch Bild- und Tonträger, des Vortrags, der fotomechanischen Wiedergabe, der Speicherung und Verbreitung in Datensystemen und der Fotokopie. Nachdruck, auch auszugsweise, nur mit Genehmigung des Verlages.

www.fona.ch

Fotos: Charlotte Lascève · **Übersetzung aus dem Französischen:** Franziska Weyer · **Lektorat der deutschen Ausgabe:** Monika Graff, Weil der Stadt · **Gestaltung der deutschen Ausgabe:** Julia Graff, Hädecke Verlag, unter Verwendung der Pluto (HVD Fonts) und LiebeCook · **Satz der deutschen Ausgabe:** Crossmedia Publishing, Magstadt

ABKÜRZUNGEN

Alle Löffelangaben beziehen sich, sofern nicht anders angegeben, auf das gestrichene Maß.

EL = Esslöffel
TL = Teelöffel
geh. = gehäuft
mind. = mindestens

ml = Milliliter ($^1/_{1000}$ l)
l = Liter
g = Gramm
kg = Kilogramm

cm = Zentimeter
mm = Millimeter ($^1/_{10}$ cm)
Pck. = Päckchen

Sek. = Sekunde/n
Min. = Minute/n
Std. = Stunde/n

DANKSAGUNG

Danke an Pauline für ihr Vertrauen, an Yann, dass er den ständigen Frittiergeruch ertragen hat, und an Felix, der alles gekostet hat.